Préface

Je pense donc j'écris, telle pourrait être ma devise. Homme de l'écrit plus que de la parole, je me suis toujours senti à l'aise devant une page blanche. Aucune angoisse, aucune crainte. Seulement un splendide défi à relever: faire naître une communion de pensée avec un éventuel lecteur.

En tant que rédacteur en chef du magazine *Mission*, j'ai écrit plusieurs articles et rédigé de nombreux éditoriaux. Parfois, je me suis laissé aller à la poésie, à la manière d'un amateur, j'en conviens.

Mais, au-delà du style et de la forme, qu'en était-il du contenu? Je me suis surpris, dernièrement, à faire le tour de mon *jardin des mots* pour y découvrir un sentier, une piste, un ruisseau conducteur. Celui-ci m'a mené à la source de mes convictions.

Avec quel étonnement y ai-je découvert un fil conducteur enfilé à l'aiguille de la mission.

Ce fil conducteur, je le nommerai *incarnation.*

Bien sûr, ma formation missionnaire et mes séjours prolongés en terres lointaines ont façonné ma façon de percevoir les personnes et les événements qui peuplent mon quotidien. J'ai côtoyé les pauvretés sous toutes leurs formes, qu'elles prennent le nom de malnutrition, d'analphabétisme, d'injustice, de racisme, de torture ou de guerre. À un certain moment, j'ai été entraîné dans ce tourbillon de haine et je fus expulsé du Burundi, mon pays d'adoption. Le motif: indésirable! C'est ce qu'on a écrit sur mon passeport.

Têtu, je suis retourné dans un autre pays d'Afrique, le Tchad, où sévissaient les guerres tribales. J'en fus quitte pour une colite ulcéreuse. Alors voilà où j'en suis! *Je panse donc j'écris.*

Et c'est en pansant mes blessures que j'ai voulu condenser mes écrits sous le thème de l'engagement: *Pour un monde meilleur.* D'abord en pensant à l'Afrique bien sûr, qui a été et qui sera toujours ma terre de prédilection, là où j'ai pu enraciner ma vocation. Mais j'ai aussi voulu ouvrir mon horizon aux dimensions du monde car celui-ci n'est, en fin de compte, qu'un grand village à apprivoiser.

Durant ces années, j'ai écrit sur l'engagement des jeunes et des aînés, et des femmes aussi; des laïcs et des prêtres encore. J'ai voulu faire sentir à mes lecteurs l'ardeur de ces serviteurs à défendre les plus petits, les laissés-pour-compte, les sans-avoir, les sans-savoir, les sans-pouvoir. J'ai essayé de faire comprendre aux gens de chez nous combien la cause de la paix et de la justice était importante pour ces missionnaires. Je le crie et l'écris avec force aujourd'hui: je vous admire, apôtres d'hier, d'aujourd'hui et de demain. Vous êtes les véritables héros de notre terre.

Enfin, en contemplant leurs vies, j'ai pu constater que la prière était à la source de leur engagement. Malgré l'éternelle déchirure entre l'action et la contemplation, les apôtres savent que la charité est un feu et que la prière est le bois qui l'alimente.

Et qui est mieux placée que Marie, la Reine des apôtres, pour être leur modèle dans le don de soi et dans l'abandon?

Voilà donc, en résumé, le fil conducteur de ces huit années de rédaction. Les termes de pauvreté et d'injustice, d'incarnation et d'inculturation, d'engagement et de vocation, de prière et d'action vous familiariseront avec ce monde de la mission qui, cependant, ne devrait pas vous paraître si étranger.

Car chacun à notre façon, nous sommes tous *missionnaires.*

A Louiselle !

Michel Fortin

Merci d'être là... ?

Pour un monde meilleur

Michel Fortin

Une spiritualité de l'incarnation

NOVALIS

Pour un monde meilleur
est publié sous la responsabilité de Novalis, Université Saint-Paul, Ottawa.

Couverture: De Pasquier inc.

Éditique: Les éditions multi v.p. inc.

Dépôts légaux: 4e trimestre 1994
Bibliothèque nationale du Canada
Bibliothèque nationale du Québec

Novalis, C.P. 990, Outremont (Québec) H2V 4S7

ISBN: 2-89088-697-2

Imprimé au Canada

NOVALIS

Note de l'auteur

Les textes en caractères standard sont tirés d'éditoriaux écrits au fil des ans dans le magazine *Mission.* Ils sont en général plus prosaïques, techniques et parfois même incisifs et critiques.

Les textes en caractères italiques quant à eux sont des *Paroles de vie* écrites dans la même publication. S'ils invitent aussi à la réflexion, ils sont plus poétiques, priants et méditatifs.

Cependant, les uns et les autres appellent à changer certains comportements pour un meilleur engagement dans le monde.

Un monde à découvrir

INTRODUCTION

Connaissons-nous notre monde ou sommes-nous leurrés par les images qu'on nous projette de lui dans les médias? Nous pensons tout savoir sur lui: peut-être est-ce vrai. Alors, pour bien nous en assurer, regardons où nous avons les pieds. Sommes-nous bien incarnés dans notre milieu? Sommes-nous «inculturés»? Ou vivons-nous tout simplement repliés sur nous-mêmes, bien installés dans notre petit monde, loin des aléas du quotidien?

Et si notre monde était un village à découvrir? Il y aurait là des gens de toutes races, de toutes religions, de toutes langues et de toutes couleurs. Les pauvres seraient certes plus nombreux que les riches et les inégalités seraient flagrantes. Mais cette diversité serait-elle perçue comme une richesse?

Nous y verrions des gens affamés et des gens nus, des gens assoiffés et des gens malades, des prisonniers, des sans-abri, des illettrés, des chômeurs, et qui encore...

Nous verrions aussi des gens riches et célèbres, des gens qui gaspillent la création, des consommateurs abusifs et des pollueurs insensés, des escrocs, des bourreaux et des fauteurs de trouble.

Nous verrions encore des gens bien ordinaires comme nous, des gens sincères et bons, soucieux de la vérité, de la dignité, de l'égalité et de la fraternité. Nous verrions des missionnaires et des pasteurs, des laïques engagés désireux de changer le monde, et pourquoi pas des saints et des saintes ayant voué leur vie au salut de leurs sœurs et frères plus petits.

Serions-nous alors prêts à dire avec Dieu: «Et nous vîmes que cela était bon»?

Spiritualité de l'incarnation

Le chrétien d'aujourd'hui est invité à modeler ses actions sur le message évangélique tout en observant la réalité de son temps. Pour ce faire, il doit se procurer des instruments d'analyse adéquats. C'est ainsi que le chrétien en viendra à comprendre que la lecture de l'Évangile avec les yeux du pauvre est la seule lecture «objective». D'où la naissance d'une nouvelle théologie de la libération: celle de l'incarnation.

Il faut non seulement que le chrétien ait une option préférentielle pour les pauvres, mais qu'il devienne pauvre avec les pauvres, qu'il s'identifie à eux, qu'il s'incarne chez eux comme le Christ l'a fait. S'incarner, s'inculturer, Jésus l'a fait totalement. Il était tout à fait juif: juif de son temps, juif de son pays, juif de Nazareth.

En s'incarnant dans le peuple d'Israël, il s'est placé les pieds dans un milieu bien concret et a vécu dans une situation de conflit presque constante. Car annoncer la Bonne Nouvelle aux pauvres comporte des exigences de mort et de résurrection. Il y a même laissé sa vie.

Modeler la nôtre, notre vie, sur celle de Jésus comporte aussi des exigences. Où ai-je les pieds? Quel est le milieu que je côtoie? Qui sont ceux qui m'évangélisent? Où est-ce que j'accepte de m'incarner et de naître?

Si j'accepte d'avoir les pieds chez les pauvres, je serai nécessairement confronté à des conflits qui amèneront morts et résurrections. Je devrai aussi me convertir, c'est-à-dire changer certaines façons de penser, de voir et d'agir. Dans l'expression de la foi, mon langage se fera plus simple et plus concret. Dans la charité que j'exerce, je me ferai serviteur de tous. Dans mon être même, j'accepterai d'être bafoué, critiqué, calomnié; dans certains pays, cela pourra aller jusqu'à l'emprisonnement et même les mauvais traitements.

J'ai toujours pensé que la spiritualité des missionnaires en était une d'incarnation. Pour nous, Missionnaires d'Afrique, s'insérer dans un peuple précis, cela veut dire apprendre sa langue et ses coutumes, se mettre à l'école de ses richesses, être au service des besoins qu'il a lui-même identifiés; cela signifie encore être partie prenante de ses luttes, de ses échecs, de ses victoires et, parfois, être du nombre de ses blessés et de ses morts.

J'admets que cela fait peur, insécurise et désinstalle. Mais c'est une façon bien réelle d'être disciple de Jésus Christ. Il faut en revenir à l'humanité de l'Évangile. Jésus l'a dit: «Je suis le Fils de l'homme.» Il affirmait ainsi l'enracinement humain de Dieu. Accepter la grande aventure de l'incarnation, c'est accepter d'entrer dans une terre délaissée pour qu'elle devienne une terre féconde. Comme une semence qui meurt à elle-même pour donner une pousse nouvelle.

En marchant avec Marie

Cheminer avec Marie,
c'est vivre de l'intérieur le mystère de l'incarnation,
c'est accepter l'irruption de Dieu dans notre vie
en faisant nôtre le «oui» initial de la Vierge.
Il faut dire que le nom de Marie épouse bien le mot mission.
Dieu appelle Marie à son service.
Il lui propose une tâche, une mission:
être la mère du Messie, Fils de Dieu.
Elle accepte cet appel à la maternité divine dans une foi totale.
Elle s'engage courageusement à participer au dessein
de salut de Dieu
même si sa compréhension de l'événement est limitée.
Le «oui» de la servante, dit dans l'humilité,
rend possible la venue du Fils.

Bien sûr, la parole de l'Ange bouleverse les habitudes
et les prévisions;
elle demande une réponse libre qui soit une adhésion inconditionnelle.
Marie le comprend. Sa réponse, dans la foi, est sans équivoque:
«Je suis la servante du Seigneur.»
Elle veut coopérer au salut de l'humanité
dans la liberté de sa foi et de son obéissance.
Elle est alors la première à marcher sur les chemins
ouverts par Dieu.
Acceptant l'appel qui lui est lancé, elle engage sur lui toute sa vie.

Le «oui» de Marie nous stimule à répondre de même
aux appels du Seigneur.
À sa suite, nous sommes invités à nous engager
sur les routes du Père.
Le chemin nous est ouvert.
Comme Marie, la «comblée de grâce», Dieu nous y accompagne.
Allons sur ces chemins nouveaux en marchant avec Marie,
chemins ouverts par Dieu!
Proclamons la Bonne Nouvelle: Dieu est avec nous!
Il nous invite à construire, avec lui,
son Royaume de justice et de paix.

Et si notre monde était un village?

Si notre monde était un village de mille habitants, il y aurait au village 564 Asiatiques, 210 Européens, 86 Africains, 80 Sud-Américains et 60 Nord-Américains. En nombre, la population serait nettement en faveur du tiers monde: 730 contre 270 seulement pour l'Occident. De là la conclusion: il y a surpopulation dans le tiers monde et c'est pour cela que tant de gens meurent de faim.

Pourtant, rien n'est plus faux. Il suffit, pour s'en rendre compte, de comparer la population et le territoire dont elle dispose. Les données sont étonnantes: l'Occident est plus densément peuplé que le tiers monde. Et pourtant, il vit dans l'abondance.

La surpopulation est un effet d'illusion masquant les vraies données du problème qui sont économiques et sociales. Nous serions portés à réprimander nos frères et sœurs du tiers monde: «Qu'ils fassent moins d'enfants, qu'elles prennent la pilule! Ça n'a pas de bon sens d'être aussi irresponsables face à leur progéniture. S'ils sont moins nombreux, ils pourront nourrir leurs enfants.»

Mais ce n'est pas parce qu'on est moins nombreux qu'on mange nécessairement plus. Si l'abondance existe dans une Europe surpeuplée, la rareté sévit dans une Afrique clairsemée.

Le déséquilibre qui existe entre une population et les ressources disponibles provient plutôt du type de production privilégié et de la distribution des richesses à l'intérieur de la société.

Toujours dans notre village de mille habitants, 60 personnes disposeraient de la moitié des revenus. Il y en aurait 500 qui souffriraient de la faim, 600 qui habiteraient dans des bidonvilles et 700 qui seraient analphabètes.

Inégalité de la répartition des richesses, bien sûr, mais aussi dépendance économique des pauvres par rapport aux possédants. Les ouvriers du tiers monde, par exemple, produisent fréquemment des denrées alimentaires pour les pays industriels alors qu'eux-mêmes sont sous-alimentés. Ils ont délaissé les cultures vivrières pour favoriser la monoculture imposée par l'Occident (coton, café, arachides, sisal, etc.).

L'intervention des pays occidentaux dans les pays du tiers monde a donc provoqué ce à quoi elle prétendait remédier: le sous-développement. Pauvreté, famines, épidémies font désormais partie de la vie de tous les jours dans de nombreux pays.

Il faudrait donc en revenir à des projets de taille humaine, tenant compte des vrais besoins des populations locales. Autrefois, malgré les techniques précaires, très peu de personnes souffraient de sous-alimentation chronique.

Les organismes de développement sont de plus en plus conscients que les multinationales siphonnent les richesses des pays pauvres. C'est pourquoi, aujourd'hui, les projets de ces organismes ne sont réalisés qu'à la suite de consultations et de sondages faits auprès des populations concernées pour bien identifier leurs besoins réels: par exemple, la construction d'un puits.

Pour compléter le tableau de notre village, il est intéressant de souligner qu'il y aurait 300 chrétiens (183 catholiques, 84 protestants, 33 orthodoxes), 175 musulmans, 128 hindouistes, 55 bouddhistes, 85 d'autres religions, 47 animistes et 210 sans religion et athées.

Enfin, parmi les 183 catholiques, il y aurait 70 Latino-Américains, 68 Européens, 16 Nord-Américains, 15 Asiatiques, 13 Africains et un Océanien.

Si notre monde était un village, la diversité pourrait être perçue comme une richesse et les différences comme des ressources. Il n'en dépendrait que de notre bon vouloir.

Une âme au soleil

Quand l'été s'annonce,
nous nous préparons, nous nous mettons en forme
pour affronter les plages et le soleil.
Maigrir un peu,
car il ne faut pas trop «bedonner» en maillot de bain.
Prendre un peu de couleur, peut-être dans un salon de bronzage,
car, trop blanc, ça paraît un peu «tout nu».
Nous nous devons de prendre soin de notre peau.

Parce qu'en plus, elle s'use, cette peau.
Comme les fonds de culotte et, d'ailleurs, tout notre linge.
S'il fallait la raccommoder, la repriser, la rapiécer,
nous aurions bientôt une curieuse apparence.
La nature s'en tire mieux:
elle nous fait peau neuve.
Vingt-quatre heures sur vingt-quatre,
une peau de remplacement s'élabore sous la peau au travail.
Et, grâce à ce renouvellement permanent,
nous n'avons jamais de trou... au coude.

Notre âme aussi s'use.
Les sentiments, les émotions, les mots entendus et les mots prononcés,
les espérances et les regrets,
tout cela nous use l'âme.
Et, pour cette fois, la nature n'a rien prévu,
nous laissant le soin de nous occuper nous-même
du meilleur de nous-même.
Alors, pour nous refaire une âme, nous lisons un journal:
deux ou trois accidents, un ou deux crimes
et quelques commentaires;
nous allons au travail, nous buvons un verre, nous jouons aux cartes,
nous regardons la télévision;
nous nous levons en chialant et nous nous couchons déçus.

Étonnons-nous, après ça,
d'avoir la peau intacte, mais l'âme en guenilles.
Comme disait quelqu'un:
«La région du globe la plus sous-développée,
c'est l'âme humaine.»
Ça ne se voit pas trop, pour l'instant,
parce que c'est sous la peau.
Mais un jour, ça se verra.

«Et l'homme vit que cela était bon...»

Dans la Bible, l'auteur de la Genèse nous raconte la Création (*Genèse* 1,1—2,4). Il nous présente un Dieu émerveillé devant cette création qu'il a faite en «sept jours». «Dieu vit tout ce qu'il avait fait: cela était très bon.»

Mais qu'avons-nous fait de cette création? Dieu ne nous l'a-t-il pas confiée en nous disant: «Croissez et multipliez-vous»? Je suis tombé, par hasard, sur un texte relatant la «Création à l'envers». Ce texte est rempli d'amertume mais il peut nous faire réfléchir:

> À la fin, il y avait la terre, elle avait forme et beauté. Et l'homme vivait dans les campagnes et les prairies. Avec les arbres de la terre. Et il dit: «Construisons nos habitations dans ces lieux de beauté.» Et il construisit des villes de béton et d'acier. Et les prairies disparurent. Et l'homme vit que cela était bon.
>
> Le deuxième jour, l'homme regarda l'eau et la terre. Et il dit: «Jetons nos déchets dans les eaux pour nous débarrasser de la saleté.» Et il le fit. Et les eaux devinrent polluées et leur odeur fétide. Et l'homme vit que cela était bon.
>
> Le troisième jour, l'homme regarda les forêts de la terre et il vit qu'elles étaient belles. Et il dit: «Coupons le bois pour faire des maisons et broyons-le pour notre usage.» Et il le fit. Et les pays devinrent stériles et les arbres disparurent. Et l'homme vit que cela était bon.
>
> Le quatrième jour, l'homme vit que les animaux étaient en abondance, qu'ils couraient dans les prairies et jouaient au soleil. Et l'homme dit: «Mettons ces animaux en cage pour nous amuser et jouons à les tuer.» Et il le fit. Et il n'y eut plus d'animaux sur la surface de la terre.

> Et l'homme vit que cela était bon. Le cinquième jour, l'homme respira l'air de la terre. Et il dit: «Envoyons nos déchets dans l'air, et les vents les disperseront.» Et il le fit. Et l'air se chargea de poussière et toutes les créatures vivantes furent asphyxiées et carbonisées. Et l'homme vit que cela était bon.
>
> Le sixième jour, l'homme se regarda et, voyant toutes les langues et tous les idiomes de la terre, il eut peur et se mit à les haïr. Et il dit: «Construisons de grandes machines et détruisons tout cela avant d'être détruit.» Et il le fit. Et la terre fut incendiée par la folie des grandes guerres. Et l'homme vit que cela était bon.
>
> Le septième jour, l'homme se reposa de ses travaux. Et la terre fut tranquille. Car l'homme n'habitait plus la terre. Et cela était bon.

Une brochure publiée par *Greenpeace* dépeint cet envers de la création de façon fort imagée, elle aussi:

> La planète terre est âgée de 4,600 millions d'années. Pour donner à cet âge inconcevable une perspective humaine, supposons que la Terre soit une personne âgée de 46 ans. La terre a commencé à produire à l'âge de 42 ans. Les mammifères existent depuis huit mois seulement, et l'homme moderne, depuis quatre heures. Au cours de la dernière heure, l'homme pratique l'agriculture. La révolution industrielle a commencé il y a à peine une minute. Et au cours de ces 60 secondes de temps biologique, l'homme moderne a transformé son Paradis en une fosse à ordures. Il s'est multiplié au point de devenir un fléau, il a causé la disparition de 500 espèces animales, saccagé la planète à la recherche de combustible, et il se tient maintenant debout comme un enfant gâté, savourant cette ascension météorique, prêt à une guerre qui mettra fin à toutes les guerres, et détruira inévitablement cette oasis du système solaire.

Ouf! Vision assurément pessimiste d'un avenir de plus en plus douteux. Le pape lui-même affirme que «face à la dégradation de l'environnement, l'humanité se rend compte désormais que l'on ne peut continuer à utiliser les biens de la terre comme par le passé» (*Message sur l'écologie,* 1er janvier 1990).

L'être humain prend ainsi peu à peu conscience que, loin d'être le roi de la création, il n'en est qu'un maillon. Il ne peut soumettre la nature et l'exploiter à outrance sans en souffrir lui-même. S'il est le seul à rompre l'équilibre planétaire, n'est-il pas aussi le seul à pouvoir le rétablir?

En tous les cas, le pape nous y invite. «Nous assistons, dit-il, à la formation d'une conscience écologique qu'il ne faut pas freiner, mais favoriser... La terre est essentiellement un héritage commun dont les fruits doivent profiter à tous.»

Nous avons l'obligation de prendre soin de toute la création.

Le chiendent

Au jardin de mon père, j'ai parfois remarqué
Cette exécrable plante qu'on appelle chiendent.
Souvent l'ai arraché, plusieurs fois jalousé
Pour sa force, son courage et son entêtement.

Se sentant rejeté, il pousse n'importe où
Dans un creux de béton ou au bord de la route;
Pas besoin de bonne terre, il trouve toujours un trou,
Comme un défaut de vie, sans cesse il nous déroute.

Un jour où je sentais le doute m'envahir
Et la défaite amère pointer à l'horizon,
Je me surpris soudain d'essayer de lui dire
Devant tant de constance, toute mon admiration.

Au tout début bien sûr, il ne voulut rien voir,
Fâché de la violence que je lui infligeais.
Replié en silence, il désirait savoir
Si ma première approche était sincère et vraie.

Avec de la patience et de l'apprivoisement,
J'en ai fait un ami ou du moins un copain.
J'ai appris à l'admettre, à l'aimer différent,
L'ai écouté grandir et lui tendis la main.

Ce que nous croyons un défaut ou qui le paraît tel
A toujours son envers; il faut le découvrir.
Nous avons aussi parfois des qualités rebelles
Qui éloignent les gens, les poussent à nous haïr.

Alors quand vous verrez une plante, une mauvaise herbe,
Qu'elle soit dans mon jardin ou encore dans le vôtre,
Ne partez pas en guerre, ne soyez pas acerbe
Avant de la savoir sorcière ou bien apôtre.

En écrivant ce poème, j'ai pensé à vous tous qui, malgré les misères d'ici-bas, réussissez à pousser, bien droit ou tout croche, dans un creux de béton ou d'adversité; vous savez que la vie est plus forte que tout.

Je vous admire.

«Si Dieu existait...»

Le fait d'insister sur la faim dans le monde pourrait sembler une répétition «achalante» pour bon nombre de gens. Par la télé, nous sommes gavés d'images attirant la pitié: bébés décharnés, mères désespérées, terres désertiques et sécheresse. On y attise notre culpabilité de bien nantis afin d'ouvrir les portes de nos greniers monétaires.

C'est vrai qu'il nous faut partager avec ceux qui ont faim. Le message du pape Jean-Paul II est clair: «Nombreux sont les peuples qui lancent, non pas une supplication sereine et confiante, mais un cri d'angoisse et de douleur parce qu'ils ne peuvent pas satisfaire leur faim physique par manque d'alimentation suffisante» (Message pour le Carême 1989).

«Donne-nous aujourd'hui notre pain de ce jour», disons-nous tous les jours en priant le Notre Père. Cette demande est souvent gémissement et plainte pour un grand nombre de personnes, scandale pour d'autres. Où donc découvrir le visage de Dieu sous les amoncellements de violence et de pauvreté, de misère et de souffrance qui écrasent ses enfants? Si Dieu existait, dit-on, il ne permettrait pas cela.

Comment peut-on affirmer que Dieu habite notre histoire quand de telles injustices ravagent notre monde?

Notre reproche est pourtant déloyal, en vérité. Ce qui nous fait mal provient de nous pour une bonne part; cela provient de ce que nous nous détournons des voies qu'il a tracées.

Nous savons bien que la terre tourne autour du soleil. Nous vivons pourtant comme si c'était autour de nous qu'elle tournait. Le centre du monde, l'axe, le pivot, le moyeu, ça ne peut être que notre moi.

Que des enfants meurent à l'autre bout du monde, ça nous émeut le temps d'une larme. Mais qu'il faille payer vingt-cinq cents de plus la livre de bœuf, ça, c'est la catastrophe. Que l'inondation dévaste des terres immenses et provoque des famines (comme en Éthiopie et au Soudan), nous n'y pouvons rien. Mais que trois gouttes de pluie dérangent nos plans de vacances, il n'y a plus de justice!

Au fond, ce que nous reprochons à Dieu, c'est peut-être tout simplement qu'il ne veuille pas, lui aussi, comme la terre et comme les autres choses, tourner autour de nous.

Et pourtant, lui, il s'est engagé dans notre histoire et il l'a fait en prenant la condition du pauvre. C'est là qu'il faut reconnaître le visage de Dieu. De l'enfant de la crèche au supplicié de la croix, il est toujours nu.

Par ces gestes d'incarnation, porteurs de libération et de salut, Dieu a prouvé que notre histoire l'intéresse plus que distraitement. Notre histoire est aussi celle de Dieu. Il la fait sienne, il en est partie prenante.

Nous sommes invités à nous engager en ce monde, comme l'a fait Jésus, notre frère. «Vous qui avez toujours de quoi manger, nous dit le pape, ouvrez davantage votre cœur pour partager vos biens avec ceux qui n'en ont pas.»

Le temps des récoltes

L'automne, dois-je avouer, a son charme propre
avec ses multiples couleurs et ses récoltes prometteuses.
Vous vous êtes sûrement promenés dans un verger à ce temps de l'année.
Et vous vous êtes émerveillés devant ses beaux arbres chargés de fruits.
Moi aussi.
J'ai même conversé quelques fois avec un pomiculteur.

«Ce que j'aime, me confiait-il, c'est d'avoir des arbres bien fournis
qui me donnent des centaines de belles pommes rouges.
Mais, quand c'est impossible de toutes les écouler
parce que le marché est saturé
et qu'il faut en laisser pourrir la moitié dans les champs,
je préfère avoir la qualité à la quantité.
C'est pourquoi je plante moins d'arbres et j'en prends mieux soin.»

Je me suis alors dit que, pour les chrétiens, c'est la même chose.
Ce qui fait la grandeur d'une religion,
c'est moins le nombre de ses adeptes que la valeur de leur témoignage.
À quoi bon la présence dans le monde
de près d'un milliard de chrétiens
si leur religion ne vaut guère plus qu'une étiquette?
Nous pouvons mourir de soif à côté d'un milliard de bouteilles vides.

Ce mot de Gandhi,
il claque comme un coup de fouet:
«De toutes les religions,
il n'en est point de plus haute que la religion chrétienne.
Malheureusement, il y a les chrétiens.»

L'ennui de ce temps,
ce n'est pas tellement que les tièdes se frigorifient.
C'est que les chauds ne soient pas brûlants.
Ce monde qui grelotte de désespoir,
comme il aurait besoin d'être réchauffé!

De tout temps, des chrétiens engagés ont dit leur foi,
cette foi qui les pousse à épouser la cause des démunis
afin que la terre produise des fruits de justice,
de paix et d'amour.
Une récolte idéaliste, peut-être, mais que nous espérons tous!

Les sans-abri

Un moine de Zen disait: «Quand ma maison a brûlé, j'y ai gagné de pouvoir observer la lune directement, chaque nuit.» Fataliste, disons-nous. Mais il faut savoir regarder le bon côté des choses quand on est pauvre et sans-abri.

Selon l'ONU, la situation d'ensemble en ce qui concerne le logement et les services de base s'aggrave de façon inquiétante pour plus d'un milliard de pauvres et de personnes défavorisées dans les pays en développement. Environ un quart de la population mondiale n'a pas d'abri convenable et vit dans des conditions d'hygiène et de santé catastrophiques.

Toutes les 24 heures, 50 000 personnes meurent de maladie et de malnutrition. Elles n'avaient pas de logement, d'approvisionnement en eau et de saines conditions de vie. Pour la plupart, ces personnes étaient des enfants.

Environ 100 millions de personnes sont totalement sans-abri. Elles dorment dans les rues, sous les ponts, dans des terrains vagues et sur les pas de porte. En Afrique, en Asie ou en Amérique latine, des millions d'enfants et de jeunes vivent et dorment dans les rues. Dans de nombreuses colonies de squatters (personnes sans abri qui occupent illégalement des logements vacants ou destinés à la destruction), il arrive que plus de 1 000 personnes soient tributaires d'un même robinet pour se procurer de l'eau. Jusqu'à 80 à 90 % des habitants n'ont pas accès à des installations sanitaires décentes.

À une échelle moins grande, cette réalité, souvent méconnue, existe aussi dans nos pays riches. Saviez-vous qu'à Montréal seulement, 10 000 personnes sont sans logis dont 5 000 jeunes chômeurs? Ils dorment là où ils peuvent. Ils se couchent sur des bancs publics, dans une entrée d'immeuble, aux bouches de métro ou, l'été, flânent dans un parc.

Que faisons-nous à ce sujet? Peu de gouvernements peuvent se vanter d'avoir des politiques et des programmes nationaux capables de satisfaire efficacement ces besoins fondamentaux. Les pauvres construisent par eux-mêmes la majorité des logements dont ils ont besoin. C'est encore le système «D»: débrouille-toi tout seul.

À son époque, Jésus a connu cette misère. Déjà, à sa naissance, il n'y avait pas de place pour lui à l'hôtellerie. Il est né dans une étable. Durant sa vie publique, certains soirs, il n'était pas certain de trouver un abri pour la nuit. À un scribe qui voulait suivre Jésus, celui-ci répondit: «Les renards ont des terriers et les oiseaux du ciel des nids; le Fils de l'homme, lui, n'a pas où poser la tête» (*Matthieu* 8, 20).

Le prophète Isaïe nous invite à l'action: «Le jeûne que je préfère, dit Dieu, n'est-ce pas ceci: partager ton pain avec l'affamé? Et encore: les pauvres sans-abri, tu les hébergeras» (*Isaïe* 58, 7).

Du moins pouvons-nous appuyer et même encourager les politiques de nos gouvernements, si elles existent.

Sinon, exigeons-les.

Dieu veut nous habiter

Emmanuel, Dieu-parmi-nous: quel beau nom!
Un nom qui recouvre une réalité extraordinaire, celle de l'incarnation.
Dieu vient parmi nous. Et, pour cela, il se choisit une demeure.
Seul Dieu pouvait se bâtir une demeure digne de lui.
Il n'a pas voulu un palais. Il n'y avait qu'une étable.
Mais ce n'était pas là sa vraie maison.
Non! Là où il voulait habiter, c'était dans le cœur de l'homme.
Et l'humble accueil de la Vierge lui a offert le séjour qu'il voulait.
Car Marie s'était préparée à recevoir son Seigneur.
Elle avait aménagé
son intérieur. Marie était attente et prière. Elle-même était déjà remplie de la présence de Dieu. Il n'avait qu'à prendre chair.

Et nous-mêmes? Sommes-nous en attente, en prière?
Ou sommes-nous
tellement à l'extérieur de nous-mêmes que nous devenons inhabités?

Quand on voit un homme, par exemple ses jambes et ses pieds,
on pourrait se dire: «Ce n'est pas lui,
cela sert seulement à le transporter.»
Quand on voit ses bras et ses mains, on pourrait se dire:
«Ce n'est pas encore lui,
cela ne lui sert que d'instruments de travail.»
Quand on voit sa bouche, ses yeux, ses oreilles, on pourrait se dire:
«Ce n'est toujours pas lui,
ce sont seulement ses moyens de communication.»
Quand on pense à son cœur, à ses poumons, est-ce lui? Mais non:
des canaux où circule le sang et l'air à son service, rien de plus.
Son cerveau est naturellement une centrale bien importante,
mais on a encore l'impression qu'il s'agit surtout d'un instrument.

Alors, où est-il finalement, cet homme pour qui tout cela existe et fonctionne? Eh bien, il est dedans, mais, en quelque sorte, insaisissable. Ce grand corps est là au service de ce mystère intérieur qui seul est notre vie, qui seul porte notre nom.
C'est comme une maison qui n'a de raison d'être, avec ses murs, ses fenêtres, son toit et ses dimensions considérables qu'à cause de celui qui l'habite et qui est tout autre qu'elle.
Bien sûr, une maison peut être vide; un homme aussi.

Quelqu'un nous l'a dit: l'homme peut perdre son âme, c'est-à-dire perdre son être intérieur. Attention, nous pouvons devenir un homme inhabité.
Vous verriez cela, qu'on doive nous suspendre au cou un écriteau: «À louer!»
Espérons alors que le locataire éventuel soit Dieu, l'Emmanuel.
Pourquoi ne pas préparer notre maison comme Marie?
Si nous le faisons, Dieu se fera présent en chacun de nous.

900 millions d'illettrés

L'élimination de l'analphabétisme constitue pour la communauté internationale un impératif moral. Les raisons en sont évidentes. Il suffit de se référer au nombre d'illettrés, estimé en 1994 à 870 millions, soit 30 % de la population adulte. Ce nombre augmente constamment, à cause de l'accroissement rapide de la population mondiale, même si le taux d'analphabétisme décroît lentement.

Si la tendance actuelle persiste, il y aura 900 millions d'analphabètes à la fin du siècle. Dans ce nombre, la part des femmes est de plus en plus grande. Actuellement, 60 % des analphabètes sont des femmes.

Près de 75 % des analphabètes se trouvent en Asie, 20 % environ en Afrique et 5 % en Amérique Latine. En Afrique, sur les 54 pays de ce continent, 20 seulement atteignent un taux de scolarisation d'au moins 80 %. Et ces pays ne représentent que 23 % de la population africaine. Enfin, sur les 850 millions d'analphabètes, la moitié de ceux-ci sont rassemblés dans une dizaine de pays.

La situation est donc grave. Affectant chaque homme, chaque femme, en tant qu'individu et membre d'une communauté, l'analphabétisme entrave leur épanouissement personnel et constitue un déni de ce droit fondamental à l'éducation. La carte de l'analphabétisme recoupe à peu de choses près la carte de la pauvreté. Elle traduit la marginalisation d'une partie importante de l'humanité, des groupes humains entiers qui sont à la fois les plus démunis, les plus mal alimentés et les plus mal soignés.

Privés du droit à l'éducation inscrit dans la déclaration universelle des droits de l'homme, ces millions d'hommes et de femmes se trouvent dans l'impossibilité de participer effectivement au progrès des sociétés auxquelles ils appartiennent. Ils ne peuvent ainsi prendre en main leur propre destin.

La lutte contre l'analphabétisme ne devra jamais cesser tant qu'il y aura sur notre terre une seule femme ou un seul homme tenu à l'écart du monde de la connaissance. Car ainsi, cette personne est empêchée de prendre de véritables décisions par elle-même.

Handicap individuel, oui! Mais aussi un frein à l'émancipation sociale et technologique des peuples en développement. L'analphabétisme contribue à creuser le fossé entre pays industriels et pays moins avancés.

Il est enfin un obstacle à «l'interpénétration» des cultures et à leur enrichissement mutuel. Apprendre à lire et à écrire, c'est du même coup apprendre la culture des autres autant que s'enraciner dans la sienne.

L'Unesco (Organisation des Nations Unies pour l'éducation, la science et la culture) est un des organismes qui n'a cessé, depuis sa création, de guider et d'activer la lutte contre la ligne de front de l'analphabétisme dans le monde. Certains de ses membres affirment que si cette ligne a, en certains points, nettement reculé, il reste que, surtout sous les effets de la poussée démographique, le nombre absolu des analphabètes continue, hélas, de croître. D'où, plus que jamais, l'urgence des campagnes d'alphabétisation.

La suppression de l'analphabétisme nécessite des efforts à l'échelle mondiale. Il faut que soit renforcée la coopération internationale dans un plus grand souci des exigences humaines fondamentales qu'implique un véritable développement.

Ainsi, le prochain millénaire pourrait peut-être s'ouvrir sous le signe de la liberté, de la créativité et du progrès pour tous.

S'enrichir d'éternité

La pensée de l'éternité n'est pas une pensée de chaises longues pour des gens fatigués de l'existence.
Elle n'est pas non plus une porte ouverte devant le désir de fuir les réalités quotidiennes.
Il ne s'agit aucunement de nous évader de nos tâches terrestres dans l'attente béate d'une compensation céleste à nos limites et à nos échecs.
Au contraire, la pensée de l'éternité nous ramène avec force à notre programme journalier,
à tout ce que nous faisons de notre vie,
pour nous poser cette question: «Tes pensées, tes projets, tes entreprises,
tes discours tiennent-ils debout devant l'éternité?
Cela mériterait-il d'être dit ou fait devant l'éternité?»

Si je rends service, si je construis, si j'améliore,
je peux partir de l'idée que ce geste est digne de l'éternité.
Mais si — pour ne pas chercher un exemple trop loin —
je me laisse aller à la colère, à l'une de ces colères dont,
cinq minutes plus tard, je suis obligé de rire ou d'avoir honte,
je dois convenir que la pensée de l'éternité fait de ma colère une pauvre chose ridicule et sans aucun avenir.
Est-ce que les gestes que je pose ou la parole que je dis ont une valeur d'éternité?

Nous portons tous en nous le besoin, le désir, l'espoir d'un épanouissement et d'une sorte de plénitude.
Toutes les valeurs humaines de la vie, on voudrait les voir portées à un degré d'absolu qui les enrichisse infiniment.
Où trouveront-elles à s'accomplir?
Au fond, trois familles d'esprits se partagent le monde:
ceux pour qui la terre est tout, le ciel rien;
ceux pour qui la terre n'est rien, le ciel tout;
ceux enfin pour qui le ciel est déjà présent sur terre dans l'amour.

«Je vais vous préparer une place», nous dit Jésus au moment de l'Ascension (Jean 14, 2).
Malheureusement, nous avons fait de cette promesse

un propos de cérémonie funèbre.
Nous devrions plutôt y voir une puissante raison de nous préparer,
dès maintenant, à l'avenir qu'elle annonce.
Quelle que soit notre place actuelle,
nous avons à vivre les dimensions de justice, d'amour et de vérité
qui caractériseront celle que Jésus nous prépare.
Sinon, le moment venu,
nous aurons l'impression de ne pas être à «notre place».

«Ils volent nos *jobs*...» Vraiment?

Le tiers monde est à nos portes. Nous n'avons qu'à nous promener dans les rues de Montréal pour nous rendre compte de la réalité multiraciale de notre monde québécois. Ces frères de là-bas sont arrivés chez nous. Comment les accueillons-nous? Le tiers monde occidental a un nom: il s'appelle le *quart monde.* Je pense à tous ces immigrants qui font la une de nos médias. Souvent, nos réactions à leur égard sont hostiles et parfois même carrément racistes. Elles découlent de la peur que provoquent en nous ces inconnus qui, de prime abord, paraissent avoir un aspect rébarbatif.

«On devrait interdire l'entrée des immigrés au pays. Dans notre contexte économique actuel, le travail est rare; et ils viennent nous voler nos *jobs.*» Voilà un préjugé qui a la vie dure. Et, comme à tous les préjugés, il faut s'y attaquer, le dénoncer.

La situation que vivent les immigrants n'est pas rose. Beaucoup d'entre eux ont dû quitter leur pays contre leur gré, pour fuir les mauvaises conditions qu'on leur infligeait. Leur arrivée dans un pays étranger les place dans une situation précaire. Ayant une langue souvent autre, des coutumes différentes, ils se retrouvent sans la sécurité que chaque citoyen et citoyenne du pays possèdent dès la naissance. De ce fait, ils représentent une proie facile pour l'exploiteur qui cherche une main-d'œuvre à bon marché.

À bien y regarder, les emplois qu'ils volent sont souvent ceux que les travailleurs d'ici ne veulent pas. Payés la plupart du temps sous le salaire minimum, en dessous de la table, travaillant dans des conditions indécentes et insalubres, ils acceptent ces emplois parce qu'ils sont les seuls accessibles, les seuls qu'on leur laisse comme des miettes. Victimes d'abus de toutes sortes, violence physique, harcèlement sexuel, ils encaissent car, pour eux, la sécurité matérielle n'existe pas.

Ils semblent bien réussir cependant. Peut-être faut-il regarder les qualités qu'ils possèdent! Fierté, acharnement au travail, sens de l'économie, sens de la communauté, autant d'éléments qui expliquent comment ils peuvent s'en sortir. Souvent, ils se contentent de vivre à plusieurs dans des logements minables et vétustes. Tout cela sans rien céder à la fierté personnelle qui fait qu'on voit rarement ces gens en loques.

Relégués dans les sous-emplois par notre société, les nouveaux arrivés acceptent d'être ces ouvriers qui œuvrent en marge. S'ils arrivent à s'en tirer, il faut regarder du côté des valeurs héritées de leur culture d'origine et qui ne sont pas tellement les nôtres.

Au lieu de les écraser de préjugés, il serait bon d'intégrer ces valeurs dont ils témoignent. Ce serait faire montre d'ouverture d'esprit, qualité si nécessaire à notre sens missionnaire.

Le jardin de Dieu

Chaque saison porte en elle sa beauté.
L'automne par exemple,
même s'il annonce une certaine «mort» de la nature,
émerveille toujours:
contemplez les arbres qui se colorent de mille feux.

Un jour, on m'a fait remarquer judicieusement
qu'avec l'âge, nous devenons plus beaux.
Remarquez ces visages d'hommes et de femmes
qui s'illuminent de l'intérieur.
Regardez cette multitude de fleurs qui préparent leurs fruits.

Les fleurs!
Qu'elles deviendraient vite lassantes
s'il leur arrivait d'avoir toutes la même forme,
la même couleur et le même parfum.
Cette diversité qui nous enchante quand il s'agit des fleurs,
elle nous est parfois insupportable quand il s'agit des personnes.

Pas moyen de penser ou de vivre autrement que vous
sans qu'aussitôt je vous déplaise.
Vous pensez bleu et je pense rouge:
nous voilà adversaires.
Vous êtes pour l'autorité et moi pour la liberté,
c'en est assez pour que je perde votre estime
et vous, la mienne.
Je suis coupable de ne pas être ce que vous êtes.

Tout aussitôt nous voilà séparés, adversaires ou ennemis.
De là naît l'intolérance:
de la certitude que nous avons de posséder le monopole de la vérité
et d'avoir seuls raison.

Fruit de l'orgueil et de la bêtise — lesquels d'ailleurs sont jumeaux —
l'intolérance a semé les conflits et les guerres tout au long
de l'histoire.
Nous ne nous en sommes pas libérés pour autant.
Pour cela, il faudrait désarmer notre suffisance.

Jésus nous dit: «Aimez vos ennemis
et priez pour ceux qui vous persécutent,
afin d'être vraiment les fils de votre Père qui est aux cieux,
car il fait lever son soleil sur les méchants et sur les bons,
et tomber la pluie sur les justes et les injustes» (Matthieu *5, 44-45).*

Eh bien! Soyez la rose si je suis le muguet,
et contentons-nous de nous épanouir
— pour un temps —
dans le vaste jardin où Celui qui nous a semés
nous donne, jour après jour,
notre ration d'eau et de lumière.

Qui en profite le plus?

Le concept de compétitivité, que le gouvernement propose pour orienter les relations extérieures du Canada, fait de l'aide au tiers monde un commerce susceptible de nous profiter. Notion bien égoïste, s'il en est! Ne pourrions-nous pas la remplacer par celle de la gratuité? Nous pourrions aider l'autre à grandir et non pas s'en servir pour nous enrichir.

Tout repose sur l'idée que l'on se fait de l'entraide. Elle devrait signifier que l'autre partenaire, celui des pays pauvres, a aussi un rôle à jouer dans son propre développement. Cela signifie aussi que nous croyons que ce partenaire est digne de confiance, qu'il a en main tous les atouts pour grandir et se développer, que ses richesses lui appartiennent et que, lui aussi, il pourra nous aider à progresser. Il ne s'agit donc pas d'une aide à sens unique, mais d'une interdépendance.

Pourquoi ne pas parler davantage de solidarité que de compétitivité? En fait, — et nous le savons dans notre expérience de vie — il nous est impossible d'être heureux tout seul. Si mon pied heurte une pierre, ma main ne peut pas s'en réjouir. C'est moi tout entier qui souffre. Si mes artères se bouchent, c'est aussi ma tête et mes bras que je dois mettre au lit. Aucune des parties de mon organisme n'est parfaitement indépendante et ne peut vivre par elle-même. Il existe un lien qui contraint chacune à l'interdépendance.

Il en est de même pour chaque personne et pour chaque société. Nous sommes tous solidaires les uns des autres. Il vient un temps où la misère des oubliés, des rejetés, des ventres creux devient révolte et désespoir: d'où le risque de voir flanquer par terre ce que nous avions construit sans eux ou même contre eux.

Nous prenons très au sérieux les lois de l'économie telles qu'enseignées dans les hautes écoles et telles que proposées dans certains «Livres verts». Pourquoi n'attachons-nous pas la même importance, dans les relations internationales, au commandement que le Seigneur nous a donné de nous aimer les uns les autres?

Lorsque l'amour et la confiance ne sont plus les lois suprêmes, c'est le corps tout entier (c'est-à-dire, le monde entier) qui s'effrite et se brise en mille morceaux. Parce que les autres, quand on ne les porte pas dans son cœur, on les a presque toujours sur le dos.

Selon l'AQOCI (l'Association québécoise des organismes de coopération internationale), le Canada devra réaménager ses politiques d'aide pour contribuer au mieux-être planétaire. Il devra mettre l'accent aussi bien sur les besoins essentiels des populations aidées que sur les droits de la personne, parce qu'un environnement où il y a du pain sans liberté peut devenir aussi explosif que celui où il y a la liberté sans pain.

Deux bougies, une mère!

À chacun sa mission, oui, mais qu'elle est grande celle des mères!
Pour vivre la spiritualité de l'incarnation,
il ne faut pas nécessairement se rendre au bout du monde.
Il s'agit simplement de bien vivre sa vocation,
de mettre beaucoup d'amour dans ses petits gestes quotidiens,
de faire les choses ordinaires d'une façon extraordinaire.
Une mère évoque cela dans sa prière:

«Seigneur, me voici au soir de ma vie. Comme ça passe vite!
Pourtant, je te dis: merci! Je n'ai pas fait de grandes choses.
J'étais seulement une mère comme les autres.
J'ai essayé de bien faire les petites choses.
J'ai aimé les enfants que tu m'as donnés.
Je me suis couchée tard pour les endormir,
sur le tricot commencé la veille, j'aurais voulu faire des merveilles.

Je me suis faite médecin pour les soigner.
Je me suis dévouée pour qu'ils apprennent à tout donner.
Je me suis oubliée pour qu'ils sachent se sacrifier.
Je me suis agenouillée pour qu'ils apprennent à prier.
J'ai accepté la souffrance pour leur montrer la patience.
Je les ai aimés pour qu'ils vivent en Amour.
Seigneur, quand je partirai pour le grand voyage
d'où il n'est pas de retour, fais-moi penser:
il faut que je leur laisse ma nouvelle adresse...
Merci Seigneur d'avoir écouté ma prière de mère!»

Une comparaison m'est alors venue à l'esprit.
Il y avait une fois deux bougies posées l'une contre l'autre.
La première était grande, belle et toute rouge.
De l'autre, il ne restait qu'un vilain petit bout à moitié fondu.
La première bougie faisait l'importante; elle se savait belle,
surtout en se comparant à cette vilaine compagne toute ratatinée.
Elle se tourna dédaigneusement vers la petite bougie:

- *Comment oses-tu rester près de moi, toi qui es à moitié brûlée et si vilaine?*
- *Ah! soupira la petite bougie, tu parles de beauté, mais qu'en sais-tu?*
  Tu n'a jamais brûlé! Tu n'as jamais vécu! Je vais te parler de la vie.
- *Tu veux donc me faire la leçon, à moi, espèce d'avorton?*
  Il ne te reste plus rien que la laideur! Moi je veux rester grande et belle!
- *Sais-tu que de moi, il reste bien plus que ce que tu vois?*
- *Ah? Et quoi donc? dit la grosse bougie.*
- *Toute cette lumière, toute cette vie que j'ai pu partager avec les autres...*
- *Lumière et vie? Que veux-tu dire?*
- *Justement, tu ne le sauras que lorsque toi-même*
  tu seras devenue toute petite et toute laide, comme moi.
  Mais tu dois d'abord te perdre;
  alors seulement, tu deviendras ce que tu dois être.
  Il faut te laisser allumer
  et tu découvriras ce que cela veut dire que d'être bougie.

... Ou ce que cela veut dire que d'être mère!

Un monde à aider

Introduction

Ce n'est pas tout de connaître notre monde, encore faut-il nous y impliquer. C'est trop facile de nous défouler en déblatérant sur notre prochain. De toute façon, selon nous, il a toujours tort... Il a même le tort d'exister. *L'enfer, c'est les autres* selon certains. Alors, selon eux, il faut éliminer du décor planétaire tous ceux qui les dérangent. C'est ainsi qu'ils crucifient l'amour et qu'ils créent des martyrs.

D'autres, et nous en sommes, croient en la valeur éternelle de la personne humaine. Ils s'affairent à libérer les petits de toutes leurs entraves, qu'elles soient matérielles ou spirituelles. Ils vouent à l'être humain un respect inconditionnel et pour cela faussent les balances pour qu'elles penchent du côté de l'amour. Ils veulent aider ce monde, mais pas n'importe comment. Ils sont même prêts à se faire pardonner par les pauvres le bien qu'ils leur font. Ainsi se dépouillent-ils de toutes leurs fausses richesses.

Dans l'humilité des enfants de Dieu, ils se reconnaissent frères et sœurs en humanité. Égaux devant leur Père des cieux, ils se demandent encore et toujours: qui aide qui?

Leur pauvreté et ma richesse deviennent peu à peu leur richesse et ma pauvreté.

Notre richesse... leur pauvreté

En lisant une page d'Évangile dernièrement, ma méditation m'a amené à réfléchir sur notre façon de concevoir la mission et sur notre manière d'aider ceux et celles qui nous sont confiés. Sommes-nous trop portés sur le don et pas assez sur l'accueil?

Le texte d'évangile était celui de Marthe et Marie: «Marthe, Marthe, tu t'inquiètes et t'agites pour bien des choses. Une seule est nécessaire. C'est bien Marie qui a choisi la meilleure part; elle ne lui sera pas enlevée» (*Luc* 10, 38-42).

Il n'y a pas qu'une seule façon de concevoir l'accueil. L'attitude de Marthe est celle dont nous nous soucions nous aussi sans doute. Préparer un bon repas, veiller à ce que rien ne manque au confort des invités, ne pas faire attendre, nous paraissent des marques essentielles d'une véritable politesse, d'un véritable respect des invités. Et comme Marthe, nous n'avons pas tort.

Celle-ci n'a pas saisi que Jésus est là non pour recevoir, mais pour donner. En s'agitant comme elle le fait, elle néglige d'accueillir le don de Jésus, le don de la Parole de vie. Marthe croit qu'elle possède le nécessaire et qu'elle doit le partager avec l'Autre. En réalité, c'est elle qui est privée du nécessaire.

Nous agissons ainsi, bien souvent, à l'égard de ceux et celles que nous voulons aider. Nous voulons partager notre richesse mais ils auraient eux aussi à nous donner de leur pauvreté.

Comment cela s'applique-t-il au niveau des relations internationales? Comment cela touche-t-il l'aide au tiers monde? En ceci que souvent les pays riches écrasent les pays pauvres de leur supériorité monétaire! La possession crée un instinct de supériorité qui fait qu'on apprend difficilement des peuples plus pauvres.

Nous croyons souvent que nous pouvons bien vivre sans relation avec les grandes cultures de l'Inde ou les grandes traditions de l'Afrique. C'est là une grossière erreur car nous ne pouvons nous comprendre totalement sans référence à ces cultures. Elles nous habitent et ce n'est peut-être pas par hasard que la *tribu* blanche soit aujourd'hui la seule *tribu* en voie de disparition sur notre planète.

Le développement ne veut pas dire uniquement progrès économique. Comme le rappelle avec insistance le pape Jean-Paul II dans une lettre sur cette question, l'aide au développement est un concept qui finalement interroge la qualité de notre façon de vivre. L'écologie nous a fait découvrir que nous ne pouvons pas avoir les poumons purs si nous vivons dans une ville où l'air est pollué. Le développement vient nous rappeler que nous ne pouvons pas avoir une vie de qualité sur une planète où on laisse dormir sur les trottoirs des millions d'êtres humains.

Mais comment aider ces millions de gens? Comment aider notre prochain sans l'enfoncer dans l'humiliation? Si nous donnons à manger au mendiant dans une attitude de riche, si nous posons un geste condescendant envers ce pauvre qui nous supplie sans nous pencher vers lui, sans lui parler, sans l'aimer comme frère, nous l'appauvrissons spirituellement. Saint Vincent de Paul disait, à propos des pauvres, à ses petites sœurs de la Charité: «Il faudra vous faire pardonner le bien que vous leur faites.»

Oui, il y a deux façons d'être missionnaire. Quand nous accueillons des sans-abri, quand nous partageons notre temps, nos énergies, notre bien-être avec les plus démunis, quand nous regardons avec tendresse le clochard, la prostituée, le mal-aimé, quand nous marchons vers l'autre au lieu d'attendre qu'il vienne vers nous, nous sommes missionnaires à la façon de Marthe. Mais là, il ne faudrait pas trop *nous agiter et nous inquiéter.*

Et quand nous reconnaissons que le pauvre est celui qui nous apprend le plus sur notre propre existence, quand nous reconnaissons avoir été évangélisés par lui, quand le réfugié ou l'immigrant nous remet devant nos propres valeurs, nous sommes encore missionnaires, mais à la façon de Marie. Nous accueillons la richesse du pauvre qui est Dieu lui-même.

À nous de trouver la meilleure façon d'aimer. À nous de *choisir la meilleure part!*

Des trésors dans le ciel

À lire certains documents gouvernementaux
basés sur une économie du profit,
nous serions portés à croire que l'argent est le but ultime de la vie,
qu'il est le secret indiscutable du bonheur humain.
Pourtant, le dicton populaire affirme que l'argent ne fait pas le bonheur.
Et on cite le cas de personnes qui ont gagné le million à la loterie.
Croyez-vous qu'elles soient heureuses pour autant?
Cela a changé leur vie, souvent pour le pire.
Ce qui nous empêche pas d'acheter le prochain billet de la 6/49.
Au cas où...!
Cet argent, nous cherchons à nous le procurer par tous les moyens,
même s'il nous faut écraser le pauvre involontairement:
«On ne fait pas d'omelette sans casser des œufs!»

Pourtant, l'Évangile nous dit: «Amassez-vous des trésors dans le ciel...»
Nous trouvons tous cette parole très belle, mais très peu réaliste.
Il nous est difficile de croire à des trésors si lointains,
et nous n'accordons de valeur
qu'à ceux que nous pouvons sentir sous la main
ou serrer sur notre cœur.
L'astronautique est audacieuse.
Elle n'hésite pas à pousser des pointes bien loin de la terre,
vers la lune, Mars, Jupiter et même la comète de Halley.

L'astronautique de notre foi, elle, reste timide:
nous ne croyons pas aux placements dans le ciel,
et des trésors que nous n'aurions qu'au ciel
ne vont pas sans nous donner l'impression
que la terre nous manque sous les pieds.

À tel point que non seulement nous aimons vivre les mains pleines,
mais nous craignons terriblement de mourir les mains vides.
«On n'emporte rien avec soi.»
Nous disons cela avec calme tant qu'il s'agit des autres!
Mais l'idée même qu'il nous faudra à notre tour tout quitter
nous plonge dans une grande agitation
et nous replie encore davantage sur nos biens.

Dommage, soupirons-nous,
que nous ne puissions pas avoir notre argent là-haut.
Ce à quoi l'Évangile nous répond:
«Vous vous trompez!
Vous pouvez très bien avoir là-haut votre trésor.
Toutefois, il vous faut l'envoyer avant!»

Trop facile de se défouler

Les actualités, en général, sont plutôt bouleversantes. Que ce soit les changements profonds en Europe de l'Est, l'effondrement du régime d'apartheid en Afrique du Sud, la crise du Koweït, l'échec de l'accord du Lac Meech, la crise amérindienne, les guerres claniques en Somalie, la guerre civile au Rwanda... les nouvelles dérangent régulièrement. Quelles sont les conséquences de tous ces bouleversements?

Et d'abord, comment réagir face à ces événements? Quels sont nos points de repère pour porter un jugement chrétien sur ces moments de conflits? Serait-ce des *temps favorables*, une occasion que Dieu nous donne pour la conversion et l'espérance?

Mgr Bernard Hubert, évêque du diocèse de Saint-Jean/Longueuil, écrivait au sujet de la crise amérindienne:

> Dans le conflit actuel, il est intéressant de relever que les mots les plus souvent cités sont les suivants: crise, barrages, violence, terrorisme, guerriers, armée, revendications, force, police. Nous sommes loin du langage de la paix. Ce dernier valorise plutôt les termes comme: douceur, partage, prière, miséricorde, justice, tolérance, vérité, joie, pardon, amour des ennemis. L'Évangile fait de la paix un fruit spirituel. Non pas en dehors de toute confrontation, mais au sein même des oppositions quotidiennes ou des conflits ouverts. Jésus ressuscité est présent au cœur des tensions et des affrontements comme il chemine avec les pécheurs tout autant qu'avec les justes. Dieu habite l'histoire!

Si à chaque crise, nous ne cherchons qu'à revendiquer nos droits et à mettre sous cape nos devoirs, si nous préférons toujours noircir l'adversaire sans essayer de comprendre son point de vue, si nous nous laissons aller à une agressivité incontrôlée («tuons-les tous, ça va régler le problème»), ou, à l'inverse, si nous sombrons dans l'indifférence crasse («fichez-moi la paix»), comment pouvons-nous espérer résoudre chrétiennement les conflits? Un minimum de bonne volonté et un désir réel de s'entendre est nécessaire, et le désir d'exclure toute violence de nos négociations s'avère primordial.

C'est tellement facile de nous défouler en ouvrant toutes grandes les vannes qui bloquent nos refus, nos frustrations et nos révoltes. C'est tellement facile de traduire l'angoisse qui nous ronge, par des cris et des gestes violents. Nous disons que cela nous soulage et que cela nous fait du bien. C'est vrai que, passé l'orage, l'air se fait plus léger. Mais les dégâts sont là, dégâts qu'il nous faut bien réparer quand ils sont réparables. Il y a des mots jetés dans la colère que nous ne rattrapons jamais plus. Il y a des gestes d'agressivité que nous posons et que nous ne pouvons plus défaire.

La véritable force, le Christ nous l'a révélée par son silence devant ses juges et ses bourreaux.

La véritable force demeurera toujours celle que nous exerçons sur nous-mêmes.

Voyage vers l'infini

Le temps des vacances est, pour plusieurs, le temps des voyages.
Je me souviens d'un été merveilleux où je me suis promené
dans les Rocheuses.
Paysage féerique, s'il en est un, qui me porta à la rêverie,
à la méditation devant tant de splendeur,
devant la création de Dieu.
Je me remémore en particulier ce glacier du lac Louise.
Je savais bien que l'eau turquoise du lac, née des neiges éternelles,
allait se perdre dans la mer, comme tous les fleuves,
tous les ruisseaux, tous les torrents du monde.

Ce que nous savons moins, par contre, c'est d'où viennent
les fleuves,
d'où viennent les rivières.
On dit qu'ils ont leur source au pied du glacier,
ou sous les pierres moussues au creux de la colline.
Comme nous, qui naissons d'un père et d'une mère.
Ce n'est pas tout à fait exact.
Parce que, sans le nuage qui vient de la mer,
gorgé de neige et de pluie, il n'y aurait ni glacier, ni source.
Avant d'aller se perdre dans la mer,
c'est de la mer que viennent fleuves et rivières.
Comme nous encore, qui retournons à Dieu
parce que nous sommes venus de lui.

La source et le glacier n'expliquent pas la rivière.
Pas davantage que nos parents ne peuvent, à eux seuls,
expliquer notre vie.
Nous retournons à l'infini, parce que nous venons de l'infini.
Le fleuve n'a pas à s'interroger, lui,
pour savoir ni d'où il vient, ni où il va.
Nous, par contre, pour savoir où nous allons,
nous devons connaître d'où nous venons.
Ce que, dans ma rêverie, j'avais pressenti,
Jésus l'a confirmé.
Venus de Dieu, c'est vers lui que nous retournons.

Que souhaiter de plus, durant nos vacances,
que de nous permettre de faire un voyage
vers les plus lointaines profondeurs de la vie.
Dieu a promis d'accompagner fidèlement l'itinérant de l'essentiel.
Il nous accompagne dans notre quête de sens
qui nécessairement nous ramène
à la maison de notre Père.

Crucifier l'amour

Lors de la réunion des responsables des principales religions à Assise (Italie), plusieurs prières ont été adressées au Seigneur, Maître de l'Univers. Certaines d'entre elles faisaient référence aux souffrances injustes que subissent les opprimés de la terre. À preuve, cette prière qui fut exprimée par les Jaïnistes (adeptes d'une religion hindoue):

> Celui que tu as l'intention de frapper, ce n'est en vérité, nul autre que toi-même. Celui que tu veux opprimer n'est nul autre que toi. Celui que tu projettes de torturer n'est en vérité, nul autre que toi. Celui que tu veux asservir, c'est toi. Et celui que tu as décidé de tuer n'est personne d'autre que toi. Sache que la violence est la racine de toutes les misères dans le monde. Puisse le Seigneur, Maître de l'Univers, trouver bon de nous accorder la santé, l'illumination et la paix, cette suprême béatitude.

Souvent, les hommes eux-mêmes fabriquent leurs propres malheurs. Pensons à la torture. La torture est la maladie honteuse de la politique moderne. Les représentants des États la condamnent universellement et collectivement, mais plus d'un tiers de ceux-ci l'utilisent ou la tolèrent. Les prisonniers ou les personnes politiquement suspectes sont torturés dans des postes de police, des centres de détention secrets, des camps et des casernes. Les plaintes des victimes ont été entendues par *Amnistie internationale*, plaintes provenant de plus de 100 pays: depuis le quartier général de la sécurité, en Espagne, jusqu'aux cellules d'isolement, au Zaïre, en passant par les centres secrets de la police, au Chili, et les hôpitaux psychiatriques, en Union Soviétique.

Le rapport cite des cas où la torture est employée systématiquement pendant les interrogatoires: décharges électriques, coups et simulacres d'exécution, conditions de détention pénibles, participation des médecins à la torture et châtiments comme la peine du fouet et les amputations.

Des milliers de bénévoles d'*Amnistie internationale* travaillent à dénoncer les abus et à faire pression sur les gouvernements pour les supprimer: voilà des amorces de solutions!

Julio de Pena Valdez, prisonnier politique en République Dominicaine, écrit:

> On me retenait, nu, dans une cellule souterraine. Quand vinrent les 200 premières lettres, les gardiens me remirent mes vêtements. Aux 200 suivantes, le directeur de prison vint me visiter. Quand la pile de lettres suivantes arriva, le directeur contacta son supérieur. Les lettres continuèrent d'arriver par milliers. Le président en fut informé. Les lettres arrivaient toujours: alors le président appela la prison et leur ordonna de me laisser partir.

Oui, le mal et la souffrance existent et parfois nous en sommes responsables. Des hommes et des femmes meurent à cause de la cruauté, de l'avidité et de la haine d'autres humains. Mourir, ce n'est pas rien. Mais quand l'amour, qui devrait accompagner, apaiser, illuminer, se transforme en égoïsme et en lâcheté, c'est pire que mille morts.

L'humanité ne peut connaître qu'un vrai malheur: celui de voir des hommes, de leurs propres mains, crucifier l'amour.

La palme du martyre

Les martyrs sont les fleurs de Dieu.
Ils se laissent dépouiller ou cueillir en pleine jeunesse.
Fauchés en début de saison,
ils offrent leur beauté au moissonneur précoce.
Comme le bois de santal parfume la hache qui le coupe,
ainsi apportent-ils le salut aux bourreaux qui les torturent.
«Père, pardonne-leur, car ils ne savent pas ce qu'ils font» (Luc *23, 34).*
Phrase mille fois répétée, au long des siècles, par ces fidèles
qui suivent la trace de leur maître Jésus Christ,
le premier des martyrs, qui sauve l'humanité par son sang.

Absurdes et inutiles, pourrions-nous dire de ces morts violentes.
Pourtant elles sont pleines de sens.
«Le sang des martyrs, disait Tertulien, *est une semence de chrétiens.»*
Ces morts sont symboles de vies qui se donnent gratuitement.
Nous ne pouvons y déceler une once d'égoïsme.
Elles sont signes de la présence amoureuse de Dieu,
d'un Dieu qui s'offre en holocauste pour le salut du monde,
d'un Dieu qui se fait pauvre et petit,
mendiant notre amour; et cet amour le tuera.

«Il n'y a pas de plus grand amour que de donner sa vie
*pour ceux qu'on aime» (*Jean *15,13).*
Ces enfants de la torture ont aussi donné leur vie courageusement.
Au milieu des tourments, ils confessent leur foi
et obtiennent la palme du martyre.
«Heureux êtes-vous lorsque l'on vous insulte,
que l'on vous persécute à cause de moi... Soyez dans la joie
*car votre récompense est grande dans les cieux!» (*Matthieu *5, 11-12).*

Il nous arrive parfois de jouer au martyr
ou d'en accuser les autres quand nous les avons blessés.
À certains moments, nous pouvons être à la fois bourreau et victime.
Les blessures reçues, de part et d'autre,
évoquent alors la souffrance et la mort.
Offertes par amour, elles sont sources de vie éternelle.
Seul un amour démuni, laissant prise aux coups et aux tromperies,
désarme nos égoïsmes et, ainsi vulnérables,
peut nous rendre attentifs à chacun de nos frères.

Je l'empêche de se noyer

Longtemps nous, Occidentaux, avons pensé que le critère d'une bonne civilisation se trouvait dans notre monde. Nous étions le point de référence ou la norme à imiter pour devenir pleinement humain. «Ces autochtones sont-ils civilisés?» demandions-nous aux missionnaires lorsqu'ils partaient dans leur coin d'Asie ou d'Afrique. Nous les considérions comme des héros qui allaient apporter aux Asiatiques ou aux Africains l'essentiel de notre culture pour qu'enfin, ils deviennent des gens comme nous.

Toute notre conception de l'aide au tiers monde était teintée de paternalisme. Nos missionnaires allaient donner et non recevoir. Nathanaël disait de Jésus: «Que peut-il sortir de bon de Nazareth?» et nous, nous demandions: que peut-il sortir de bon de l'Afrique?

Aujourd'hui encore, il nous arrive de vouloir décider de ce qui est valable pour eux. Nous désirons leur apporter un développement technologique basé sur une économie occidentale. «Voilà ce qui les aiderait à s'en sortir» affirmons-nous. N'est-ce pas là la clé du succès humain?

Un conteur africain rapporte cette fable: «Un jour, je me promenais près de la rivière. Je rencontre un singe assis près d'un cours d'eau. "Qu'est-ce que tu es en train de faire?" lui demandais-je, en le voyant sortir un poisson de l'eau et le placer sur une branche de l'arbre. "Je l'empêche de se noyer, me répondit-il." Ce conteur concluait: "Le soleil qui assure la vision à l'aigle aveugle le hibou."»

Nous nous croyons dépositaires de la vérité et nous pensons savoir ce qui est bon pour l'autre. Et si nous décidions de leur faire confiance? À ceux-là qui meurent de faim et qui sont innombrables, si nous leur donnons des sacs de blé, nous les nourrissons pour quelques jours. Que nous leur offrons une charrue, nous leur permettons alors de se nourrir pour le reste de leurs jours. Même chose si nous leur présentons un poisson ou un hameçon. Aimer quelqu'un, ce n'est pas se substituer à lui pour faire ce qu'il doit faire. Ce n'est pas le décharger de son fardeau, mais c'est l'aider à le porter.

Un enfant qui éprouve de la difficulté à faire ses calculs, nous pouvons l'en délivrer en les faisant nous-mêmes. Notre intelligence travaille à la place de la sienne, mais sans aucun profit pour lui. Agir à la place des autres, au fond, c'est les mépriser. C'est ne pas croire en leur volonté d'épanouissement, c'est les juger incapables d'efforts, et donc aussi, de réussites. Même s'ils nous remercient, nous ne les avons pas vraiment aidés. «N'aide pas les autres, conseillait un sage. Ce serait vouloir faire plus que Dieu qui les laisse se débattre et pécher à leur aise. Mais, aide les autres à s'aider eux-mêmes.»

Les missionnaires aussi doivent constamment garder cet objectif en tête, à savoir: aider les pauvres à devenir eux-mêmes, à devenir plus humains et plus chrétiens mais à leur façon. Ils ne sont pas les dépositaires universels de la vérité évangélique.

Prenons l'exemple de l'Afrique. Il y a une «africanisation» de l'Évangile qui peut parfois nous dépasser. Nos frères africains ont à colorer l'expression de la foi chrétienne en tenant compte de leur culture et de leur richesse humaine.

Bien sûr, cela n'enlève pas les conversions nécessaires, inscrites au cœur de l'Évangile. Toute culture, qu'elle soit occidentale, orientale ou africaine doit se convertir à Jésus Christ et aux valeurs qu'il propose.

Mais, soyons assurés que nos frères du tiers monde ont aussi quelque chose à nous apporter, à nous apprendre, dans leur façon de vivre la Parole de Dieu. Ils peuvent aussi nous évangéliser. Pour cela, il nous faut savoir écouter et regarder. Il ne faut pas oublier que Jésus est à l'aise chez les pauvres: il était l'un d'eux. Il l'est encore aujourd'hui.

Elle aurait pu dire «non»

Mère! Mère de Jésus! Mère du Sauveur!
Toute jeune fille de la lignée de David rêvait, à cette époque,
de donner naissance à celui qui délivrerait le peuple d'Israël.
Toutes recherchaient ce titre de gloire: mère!
Marie fut l'élue. Elle était cette jeune fleur, née du jardin de Dieu,
résumant en elle l'attente de toute l'humanité.
À l'Annonciation, lorsque le plan divin lui était présenté,
sa réponse fut un «oui» de foi.
Obéissance que Marie approfondit tout au long de sa vie,
jusqu'à la croix et au cénacle, dans un pèlerinage de foi
qui la fera participer, comme aucune créature, au mystère de son fils.

Elle a dit «oui»! Mais elle aurait pu reprendre cette parole.
Elle aurait pu dire «non». Il y avait de quoi!
Elle était fiancée à Joseph et elle allait mettre au monde un enfant
sans recourir à lui.
Comment lui faire comprendre qu'elle était mère célibataire sans le perdre?
Que dirait son entourage?
Si Joseph la répudiait, même en secret,
elle serait mal jugée ou, pire encore, lapidée.
Mise à l'écart, comment élèverait-elle son enfant?
Quels seraient ses moyens de subsistance?
Plus tard, son enfant n'en souffrirait-il pas? Ne serait-il pas rejeté?
Pourrait-il seulement livrer son message, sa Bonne Nouvelle?
Marie aurait eu toutes les raisons du monde
pour interrompre cette grossesse, si divine fût-elle!
Or, voilà! Il n'y aurait pas eu de Sauveur du monde.

Marie savait les risques qu'elle encourait: malgré tout, elle a dit «oui».
Elle a accepté d'accueillir Dieu dans sa vie et de le protéger.
Elle a été les mains et les bras de Dieu Père
pour prendre, porter, caresser et soigner le Fils de Dieu.
Elle a été le cœur humain de Dieu qui veut aimer son enfant.
Marie nous révèle ainsi comment être responsable de l'amour,
de l'amour donné et de l'amour reçu.
À notre tour, essayons d'être des mains, des bras, des cœurs
qui accueillent, qui s'inquiètent et qui souffrent.
Car, tout ce que nous faisons aux plus petits de ce monde,
c'est à Dieu que nous le faisons.

Notre esclavage... tes chaînes

Un professionnel bien nanti de chez nous, en visite dans une de nos paroisses en Afrique, s'étonnait de la profondeur spirituelle des «pauvres» Africains. Il lui semblait redécouvrir l'Évangile à leur contact, voyant d'un visage nouveau ces paraboles bibliques sur l'accueil, le partage, la solidarité et la joie de vivre. Les béatitudes lui paraissaient vivantes et actuelles, et il en était ébloui.

Bien sûr, j'étais heureux pour lui. Cette découverte valait certes une bonne retraite fermée de huit jours à la façon de saint Ignace! Mais beaucoup de questions se bousculaient dans ma tête: pourquoi, me suis-je dit, s'étonner de trouver des attitudes évangéliques chez nos frères plus pauvres ou plus petits? — selon, bien sûr, nos normes de grandeur. Pourquoi se surprendre de leur vie collée à la Bonne Nouvelle? S'émerveiller, oui, d'accord! Mais se surprendre? N'est-ce pas là un relent de paternalisme ou de complexe de supériorité? Cela me semblait pourtant aller de soi: «Bienheureux les pauvres, car le royaume des cieux est à eux» (*Matthieu* 5, 3). Attitude partagée parfois par d'autres missionnaires et même, quelquefois, par moi-même... à ma grande honte!

Quelle devrait donc être notre attitude missionnaire en pays dit de mission? Prenons l'exemple d'une rencontre avec un croyant musulman. Nous sommes souvent perplexes quant à l'attitude à adopter: celle du dialogue soucieux de connaître la foi de l'autre pour construire ensemble le Royaume de Dieu; et celle du témoignage désireux d'annoncer Jésus Christ pour faire entrer l'autre dans l'Église.

C'est une tension qui se trouve au cœur de toute rencontre humaine vraie et qui procède de la démarche de l'amour. D'un côté on veut aimer l'autre tel qu'il est et tel qu'il veut être, en ce qu'il a de différent. De l'autre, on veut partager avec lui ce que l'on a de meilleur, de plus précieux: sa foi! Tout est question de respect.

Peut-être ce partage d'un évêque africain peut-il aider à comprendre. Il s'adressait *À toi, l'homme d'ailleurs.*

> Aide-nous, disait-il, à apprécier nos propres richesses: ne nous crois pas pauvres parce que nous n'avons pas ce que tu as. Aide-nous à découvrir nos chaînes: ne nous crois pas esclaves en voyant les tiennes. Sois patient avec notre peuple: ne nous crois pas arriérés parce que nous ne suivons pas ta ligne. Sois patient avec notre marche: ne nous crois pas paresseux parce que nous ne savons pas lire tes mots.
>
> Reste avec nous et chante la beauté de la vie que tu partages avec nous. Reste avec nous et accepte que nous puissions te donner quelque chose. Accompagne-nous sur la route: ni devant, ni derrière. Cherche avec nous à vivre et à attendre Dieu.

N'est-ce pas là une belle leçon de tolérance qui vaut pour toutes les rencontres? Laissons-nous donc évangéliser... humblement! C'est une bonne façon d'être missionnaires.

Présence de Marie

Une jeune femme, mère de trois enfants
et membre actif d'un mouvement de ressourcement spirituel,
m'écrit une longue lettre.
Elle relate son itinéraire spirituel.
En voici un extrait: «Depuis mon baptême, j'avais Jésus en moi.
Il y a deux ans, j'ai fait mon cursillo et, depuis ce temps,*
je Le sentais bouger en moi.
Hier est venu la délivrance.
Je crois que ça a été la plus longue de mes grossesses,
mais aussi la plus merveilleuse.
J'ai enfin l'impression d'avoir mis Jésus au monde.»

Recevoir un tel témoignage m'émeut.
Il me fait surtout comprendre que l'Esprit de Marie subsiste.
Et que la simple parole d'une mère de chez nous
peut nous dévoiler un coin de son mystère.

Quand je dis Marie, Marie me dit Dieu.
Il ne faut pas craindre qu'elle prenne la vedette.
Comme dans l'Évangile, la présence de Marie dans notre vie
est une présence de pauvreté, discrète mais efficace,
accordée tout à fait à la pauvreté de notre Dieu.
Marie a dit «oui» au merveilleux projet de Dieu dans l'incarnation.
Sans tout comprendre, elle a fait confiance.
Elle a joué sa vie sur la Parole du Seigneur.
En cela, elle devient notre modèle.

Avec le temps, j'ai compris que pour m'insérer dans le mystère de Dieu
je devais entrer plus profondément dans le mystère de Marie.
N'est-elle pas celle qui «silencieuse,
gardait tous ces événements dans son cœur» (Luc 2, 51)?
Elle y méditait les paroles et les gestes de son enfant.

Entrer dans l'intimité de Marie, se faire tout petit en elle,
c'est y rejoindre son fils Jésus et s'imprégner de sa Parole.
C'est aussi devenir son enfant. Son rôle de mère, elle l'a bien accepté.
À l'ombre de la croix, comme une nouvelle Bethléem,
elle a mis au monde des fils et des filles: nous!
Depuis lors, il est tout à fait normal de l'aimer comme notre mère.

---

* Mouvement ecclésial de ressourcement spirituel qui a pour but de former des leaders chrétiens.

Un respect inconditionnel

Pour construire la paix, respecter les minorités: tel est le thème de réflexion que choisit Jean-Paul II à l'occasion d'une Journée mondiale de la paix.

Ce thème constitue un appel pressant pour que tous contribuent à la paix de façon active, par le respect et la promotion des droits légitimes des groupes minoritaires. Bien que leur origine et leur situation historique soient différentes, les minorités ont en commun leur expérience de la souffrance et du déplacement. Elles nous rappellent aussi avec force que la famille humaine est véritablement une et que chaque personne possède une dignité inaliénable.

Bien sûr, chaque personne est tirée à exemplaire unique. Et parce qu'elle est unique, elle est digne de mon attention et de mon respect. Prenons quelques exemples. Un bouton est resté toute la journée sur le trottoir. Des milliers de gens ont passé. Personne ne s'est intéressé au bouton. Pourtant, il nous arrive de prendre le plus grand soin d'un simple bouton. Par exemple, quand on peut dire: «C'est un bouton de mon manteau; il vient de tomber.» Dès que l'on sait à quoi elle appartient, de quoi elle fait partie, une chose apparemment sans valeur en elle-même devient précieuse.

Ce monsieur ramasse une vis, comme si elle était en or. Savez-vous pourquoi? Parce qu'il l'a trouvée sous son automobile. Il sait qu'il s'agit d'une pièce de sa voiture. Cette vis a donc, pour lui, un intérêt considérable.

Ce petit morceau de bois que n'importe qui jetterait, vous, vous le mettez de côté. C'est que vous avez reconnu qu'il provient de l'un de vos précieux meubles.

Nous rencontrons chaque jour des gens *pas très intéressants* dirons-nous, comme pour le bouton. Et nous sommes nous-même un être humain parmi tant d'autres: *sans valeur,* pensons-nous. Jusqu'au moment où nous nous souvenons que chaque créature est un morceau de Dieu, quels que soient sa race, sa couleur, son sexe, sa langue ou sa religion (*Déclaration des droits de l'homme*).

«Vous êtes le corps du Christ et vous êtes ses membres, chacun pour sa part» (*1 Corinthiens* 12, 27) écrit saint Paul, ébloui par la valeur ainsi donnée à chacun. C'est cet émerveillement devant la richesse de chacun qui peut nous conduire au respect de l'autre et à l'instauration d'une paix durable entre les personnes, si différentes soient-elles.

Presque tous les pays du monde ont, sans exception, à l'intérieur de leurs frontières, des groupes minoritaires qui s'efforcent de conserver leur identité propre. Si ceux-ci se voient dénier leurs droits humains fondamentaux, y compris celui de la liberté religieuse, aucune paix authentique ne peut exister. Cette paix peut aussi être anéantie lorsque la violence est employée et le dialogue refusé.

Construire la paix commence par un respect inconditionnel de l'autre. C'est une obligation universelle et une responsabilité précieuse pour chacun.

Les groupes des minorités ont, quant à eux, une contribution indispensable à apporter à la paix. De même, les gouvernements et tous les peuples doivent faire tout ce qui est en leur pouvoir pour promouvoir ce don.

Dieu est à notre porte

Les faibles et les humbles sont rejetés en marge de la vie.
Dieu les ramène au centre.
Il leur donne une dignité, déplaçant les valeurs,
montrant la noblesse et la force là où personne ne les voit.
Les pauvres comptent pour rien.
Dieu les fait passer devant.
Il révèle que leur offrande méprisée est la plus riche.
Sous les yeux du peuple satisfait de lui-même,
il montre qu'à elle seule l'obole de la veuve réjouit le cœur de Dieu.

Les esclaves ne sont pas tenus pour des hommes.
Dieu les désigne comme ses frères et ses cohéritiers.
Les prostituées sont utilisées mais aussi, avec hypocrisie,
jugées et condamnées.
Dieu les fait passer des maisons closes au ciel ouvert.

À ceux qui ne songent qu'à durer, il conseille: mourez à vous-mêmes!
À ceux qui ont peur de mourir, il montre que seules sont dangereuses
les autres morts: celles de l'égoïsme, de la haine, du péché.
À ceux qui déjà ne sont plus, il dit: «Vivez!»

Ainsi va la vie!
Merveilleuse, sublime, mais aussi bouleversante et dérangeante
comme l'enfant qui vient au monde et qui bouleverse le rythme du foyer.
Nous ne pouvons l'accueillir sans accepter d'être dérangé.
Et si nous refusons d'être dérangé, nous refusons Dieu lui-même.
Il est venu aussi, une fois, rendre visite à l'humanité.
On a eu peur des dérangements. On n'a pas voulu le recevoir.
Il bouleversait tout, même la façon de concevoir la vie.
Pourtant, depuis lors, il est encore à notre porte et il frappe.
Si nous prenions le risque de le recevoir...
Peut-être ne le regretterions-nous pas!

Fausser les balances

Les conflits du monde nous amènent à réfléchir sur la paix, à essayer d'en cerner certains aspects qui nous auraient échappé, faute de recul.

L'autre soir, on nous disait à la télévision que pour amorcer une négociation pacifique, il faut un minimum de bonne volonté, à savoir: mettre sur table ce qui pose problème et chercher ensemble des solutions justes. Souvent, à l'inverse, on s'accuse de tous les noms et on s'insulte à qui mieux mieux.

Peut-être serait-il nécessaire d'aller au-delà de ce qui est juste. Peut-être faudrait-il faire pencher la balance du côté de l'amour.

Mais nous avons notre petite idée sur la justice. Donnant, donnant. Nous aimons, mais seulement ceux qui nous paraissent aimables — surtout pas ces dictateurs fous — ; nous aidons, mais seulement ceux qui nous semblent dignes d'intérêt ou qui vont nous rapporter de l'intérêt; nous parlons d'une manière sympathique, mais seulement des gens qui paraissent bien — pas ces révolutionnaires enragés du tiers monde! Nous avons déjà assez de nos *skinheads!* —; nous donnons, mais seulement à ceux qui commencent par nous donner, eux, une bonne impression — pas ces gens sur le bien-être social qui, assis sur leur perron, sirotent leur petite bière.

Nous avons des balances précises, sages et justes. Nous donnons aux autres leur compte exact (selon notre conception de la comptabilité), jamais davantage qu'ils ne méritent. Et nous savons, nous, bien sûr, ce qu'ils méritent.

Ce qui fait que le monde n'avance pas d'un pouce!

Ce monde a pourtant besoin de gens qui aiment les non-aimables, qui aident ceux qui ne le méritent pas, qui donnent à ceux qui ne donnent rien, même pas une bonne impression.

La seule chance des non-aimables c'est, une fois, d'être aimés. Des non-aimables, il y en a pas mal, de l'avis d'un grand nombre d'occidentaux, chez les Arabes, chez les Noirs, chez les Juifs ou chez les communistes (j'en passe beaucoup, vous vous en doutez bien). D'ailleurs, ils nous semblent toujours en conflit.

Le Liban vit la énième station de son chemin de croix. À Jérusalem, c'est l'impasse totale. En Afrique, un article récent recensait treize conflits: guerres interminables comme celles du Soudan, de l'Éthiopie, du Mozambique, de la Somalie; graves affrontements en Afrique du Sud entre mouvements noirs compromettant le processus péniblement engagé d'élimination de l'apartheid; images d'horreur reçues du Liberia; batailles tribales au Rwanda et au Burundi, etc.

Beaucoup de missionnaires se trouvent aux premières loges, témoins impuissants mais profondément solidaires de tant de souffrances autour d'eux. C'est leur façon d'aimer.

Hélas! pour dépanner le monde, il est nécessaire de tricher avec ce qui est juste... mais seulement juste. Il faut, comme Dieu, donner à ceux qui ne méritent rien. «Dieu a tellement aimé le monde...» (*1 Jean* 4, 9) qu'il a décidé de fausser les balances. Car pour remettre le monde droit, il avait besoin de balances qui penchent; qui penchent du côté de l'amour.

C'est d'ailleurs pour cela que, grâce à des *gens de Dieu* qui faussent ainsi les balances, on voit naître un peu partout dans le monde un embryon de démocratisation. Le credo du parti unique est battu en brèche, la liberté d'expression commence à poindre son nez... De petites choses qui ne peuvent que nous réjouir profondément, comme nous réjouissent le courage et la lucidité de bon nombre de pasteurs œuvrant sur tous les continents. Ils osent dénoncer les erreurs commises et essaient d'éclairer l'avenir politique, économique, social et religieux de leurs pays respectifs.

C'est ainsi que l'Évangile peut «guider nos pas sur la route de la paix» (*Luc* 1, 79).

Comme le dit la chanson de John Lennon: «Donnons une chance à la paix.» Aimons les non-aimables!

Où est cet homme?

Je me souviens de ce chant fredonné dans ma jeunesse:
«Pour faire un homme, mon Dieu que c'est long...»
Oui, il faut du temps et de la patience pour mettre un homme au monde.
Il faut aussi beaucoup d'amour: un amour créateur.

Une jeune femme choisit un homme parce qu'il est fort,
courageux, loyal et bon.
Elle le choisit pour les qualités qui sont en lui
ou qu'elle croit découvrir en lui.
Ensuite, c'est le mariage et viennent les enfants.

Avec eux, tout change: c'est parce qu'on les aime,
et seulement dans la mesure où on les aime,
qu'ils deviennent forts, courageux, loyaux et bons.
Jusqu'alors on aimait le bien.
Désormais, on le crée ou, tout au moins, on contribue à le créer.
On était partie prenante, on devient partie donnante.
C'est cela un amour créateur.
Et pour en arriver là, il faut une bonne dose de générosité,
d'abnégation et de patience.
Qualités que l'on retrouve chez la femme.

«Pour faire un homme, mon Dieu que c'est long...»
Mais avec le temps, il grandira.
Quand une maman rentre de la maternité avec son bébé,
les voisins ne demandent pas tout de suite:
«Où donc est cet enfant? Pourquoi ne l'aperçoit-on pas à la fenêtre?
Pourquoi ne descend-il pas jouer au jardin?
Pourquoi ne le voit-on pas passer dans la rue?»
Ils savent qu'il faudra pour cela des semaines, des mois, des années.

N'est-ce pas la même chose pour nous qui sommes chrétiens?
Il est dit de nous que nous sommes nés de nouveau.
Mais il ne faut pas trop vite demander:

«Où est cet homme?»
Car si l'homme nouveau est né, il n'a cependant pas encore grandi;
il est encore au berceau, minuscule, fragile, invisible au dehors.
Partout, en tous cas, le vieil homme est beaucoup plus visible.
Mais, au fond de chacun, l'homme nouveau vient,
né de Dieu, adopté par Dieu, oui, déjà fils de Dieu.

Chaque année nous permet d'atteindre cette stature
d'homme nouveau.
Nous en sommes responsables devant Dieu,
responsables de ce temps qui passe!
Qu'allons-nous en faire?
C'est à nous d'en décider.

Se laisser dépouiller

Goûtant des cerises, cueillant des pommes ou ramassant des noix, l'homme, de saison en saison, par ses gestes et ses propos, confirme chaque année cette déclaration de l'Évangile: «C'est à son fruit qu'on connaît l'arbre» (*Luc* 6, 44). Car il ne suffit pas que l'arbre soit beau et qu'on l'admire; il ne suffit pas qu'il soit vert et qu'on le trouve vigoureux, il ne suffit pas qu'il donne de l'ombre et qu'on aime à s'y tenir. Il faut qu'il porte du fruit.

Les faits et gestes des missionnaires qui ont œuvré dans le monde ont porté du fruit car aujourd'hui, les jeunes Églises sont fortes et belles. Elles prennent la relève d'une Église mère qui, pendant plus de 1 000 ans, avait un visage très occidental. Depuis le début des années 80, les statistiques mondiales démontrent que la majorité des chrétiens vient de basculer vers les pays du tiers monde.

Pour en arriver à un tel résultat, ces missionnaires ont trimé dur et surtout ils l'ont fait pauvrement. «N'emportez rien» (*Matthieu* 10, 9) disait Jésus à ses disciples lorsqu'il les envoyait en mission. Si irréaliste que nous paraisse cette consigne, elle rejoint bien ce que bon nombre de missionnaires à l'étranger ont pu expérimenter. L'essentiel, quand nous arrivons chez des inconnus pour annoncer le message évangélique, c'est de *vivre avec* eux. Les missionnaires qui arrivent en s'appuyant sur tous leurs acquis se mettent en position de riches. Comment alors pourraient-ils aller vers ceux et celles qu'ils souhaitent rencontrer?

Ce que les missionnaires ont apporté édifie une barrière entre eux et les autres. Il leur faudra un temps énorme pour que cette barrière cesse d'empêcher la rencontre des personnes. Une vraie relation sera possible quand les missionnaires auront appris à trouver sur place, au milieu des personnes auxquelles ils sont envoyés, ce qui est nécessaire à leur mission.

«C'est à son fruit qu'on connaît l'arbre.» Non seulement l'arbre doit-il porter de bons fruits, mais encore faut-il qu'il les donne, qu'il les abandonne à la main qui les cueille et les emporte.

Et nous qui avons justement peur, tellement peur, qu'on nous prenne quoi que ce soit, qu'on profite de nous, qu'on nous dépouille, alors que la seule chose fâcheuse qui puisse nous arriver, c'est que les corbeilles, celles que les autres amènent sous notre vie, restent vides.

La mission se vit pauvrement. Les missionnaires doivent se laisser dépouiller. Les quelques lignes qui suivent sont de Jean-Guy Dubuc, journaliste à *La Presse*; elles sont un beau témoignage.

> Ils sont nombreux, les missionnaires à qui on a reproché d'avoir pris la part du plus petit, du plus pauvre. Heureusement que là-bas, là où ils vivent et meurent, ceux qui les connaissent et savent comment ils vivent, les aiment et les admirent.
>
> Le problème, c'est peut-être qu'on a toujours associé le travail du missionnaire à un travail de conversion, c'est-à-dire à une question de foi. Alors que ce travail en est essentiellement un de charité et d'amour. La foi est importante: c'est elle qui motive ces gens aux folles audaces. Mais ils ne l'imposent pas: ils la vivent intérieurement et elle s'exprime dans des gestes de solidarité, d'engagement social et de partage. Les témoins de leurs gestes comprennent, eux. Leur merci se cache dans leur survie.

Le revêtement d'argent

Un homme dont la richesse avait endurci le cœur
et qui se sentait malheureux
s'en vint trouver un rabbin dans l'espoir de retrouver la joie.
Le rabbin lui dit:
«Regarde par la fenêtre et dis-moi ce que tu vois.»
L'homme répondit:
«Je vois des personnes dans la rue qui vont et qui viennent.»
Alors, le rabbin lui tendit un miroir et demanda:
«Regarde dans ce miroir et dis-moi ce que tu vois.»
L'homme reprit:
«Je me vois moi-même.»

Et le rabbin de répliquer:
«Et tu ne vois plus les autres?
Songe que la fenêtre et le miroir sont tous deux faits
de la même matière: le verre;
mais le miroir ayant été recouvert d'argent par derrière,
tu n'y vois plus que toi-même,
tandis que tu vois les autres
à travers la vitre transparente de la fenêtre.

Je déplore d'avoir à te comparer à ces deux pièces de verre.
Pauvre, tu voyais les autres, et tu en avais compassion.
Couvert d'argent, tu ne vois plus que toi-même.
Sans doute vaut-il mieux gratter le revêtement d'argent
pour qu'à nouveau tu puisses voir les autres.»

Un monde à pacifier

Introduction

Le monde, tel qu'il nous apparaît, nous semble souvent pris dans un cercle de violence inouïe. Du coup de poing au coup de canon, la gamme des colères est très étendue. Des conflits du couple jusqu'aux guerres mondiales, les batailles sont innombrables. Comment résoudre ces problèmes? Répondre par la contre-attaque ou démissionner tout simplement?

«Fichez-moi la paix», disent certains.

«Heureux les artisans de paix», dit Jésus.

Où nous situons-nous entre ces deux positions? Bien sûr, nous nous considérons comme du *bon monde*. Nous ne voulons faire de mal à personne. Mais parfois les bons sentiments ne suffisent pas. Et les bonnes intentions ont tué les plus beaux engagements. Ne pas faire le mal, ce n'est pas encore faire le bien, n'est-ce pas?

Ne pensons surtout pas que nous sommes inutiles pour pacifier le monde. Un grain de sable suffit parfois à démolir une machine de guerre. La goutte d'eau contribue bien à créer des rivières et des océans. Pourquoi notre voix ne créerait-elle pas une chorale de paix? N'avons-nous pas de *bonnes nouvelles* à proclamer?

Ne démissionnons jamais. Il vaut mieux allumer une petite lumière que maudire l'obscurité.

Inculturation: une nouveauté?

Inculturation! J'ai eu beau chercher ce mot dans le *Larousse* et le *Petit Robert*, il me fut impossible de le trouver. Encore un mot inventé par les spécialistes ou les intellectuels! La preuve: la première fois que j'ai employé ce mot chez des amis, il ont dit: «Qu'est-ce que ça veut dire?» J'ai dû alors puiser dans mes sources latines et séparer le mot: in-culture-ation. Entrer dans la culture d'un autre pour la vivre avec lui.

Il y a un proverbe qui dit: «Si tu veux savoir ce que pense un Amérindien, marche un kilomètre dans ses mocassins.»

Pour mieux saisir la réalité qui se cache derrière l'inculturation, j'ai rapproché ce mot de celui d'incarnation. Jésus entre dans notre chair: il se fait l'un de nous pour saisir de l'intérieur notre vie d'hommes. Plus que notre culture, il a pris notre humanité.

L'inculturation est le mot qui traduit le mieux actuellement la réalité que veut vivre le missionnaire quand il s'insère dans son pays d'adoption. Il doit essayer d'imiter le mouvement que Dieu a initié en venant s'établir chez les humains.

«Lui, de condition divine, ne retint pas jalousement le rang qui l'égalait à Dieu. Il s'est anéanti lui-même, prenant la condition d'esclave, il devint semblable aux hommes...» (*Philippiens* 2, 6-7)

Jean-Paul II disait un jour aux membres de la Commission biblique pontificale: «Le terme inculturation a beau être un mot nouveau, il exprime fort bien l'une des composantes du grand mystère de l'incarnation.» Et Paul VI disait dans son exhortation apostolique *Evangelii Nuntiandi*: «L'Évangile doit transformer les cultures de l'intérieur, les purifier, les élever, les féconder, les fortifier, les parfaire et les restaurer. À l'image du Christ, l'Église, tout au long de son histoire, ne cesse d'incarner l'Évangile au cœur des cultures... Cet Évangile doit donc imprégner toutes les cultures sans s'asservir à aucune.»

Cela signifie que la Bonne Nouvelle doit se purifier suffisamment de tout apport culturel étranger au message et former avec la culture du peuple évangélisé un nouvel ensemble. Cela signifie aussi qu'il nous faut faire confiance aux responsables autochtones pour inventer les nouvelles voies qu'empruntera l'expression de l'Évangile.

François Kabasele, théologien africain, disait: «Accueillez-nous tels que nous sommes, donnez-nous la parole, faites confiance à l'Esprit qui souffle dans nos assemblées et dans nos conférences épiscopales. Ne réduisons pas le Christ à notre taille, mais laissons chaque peuple prendre place au sein de ce grand vitrail qui doit refléter les multiples tonalités de la lumière unique du Christ.»

Le missionnaire doit se dépouiller lui-même, autant que faire se peut, des éléments culturels qui lui sont propres, de sa langue en premier lieu, et donner toute son attention au génie national du peuple qu'il évangélise. Il sera Africain avec les Africains ou Chinois avec les Chinois.

Dans la société multiculturelle qui est la nôtre, peut-être avons-nous besoin, nous aussi, de nous adapter à ceux que nous accueillons chez nous. Mieux les comprendre, c'est mieux les accueillir et donc mieux les aimer!

Sous le souffle de l'Esprit

Le souffle de l'Esprit Saint est à l'œuvre plus que jamais;
il ressemble à une véritable tornade chez les sociétés missionnaires.
C'est une véritable Pentecôte!
Il n'y a qu'à paraphraser le récit des Actes des Apôtres
pour s'en rendre compte:

«Venus de toutes les nations qui sont sous le ciel...
déconcertés, émerveillés, ils disaient: "Tous ces jeunes qui témoignent
ne sont-ils pas des apôtres?
Comment se fait-il que chacun de nous les entende
dans sa langue maternelle?
Ougandais, Kenyans, Indiens, habitants de l'Amérique Latine,
de la Barbade, du Canada, des États-Unis, de l'Australie et de l'Asie,
de la Chine et de Pologne, du Burundi et du Nigeria, de l'Italie ou
de la France.
Tous, habitants de la terre, de l'Orient ou de l'Occident,
nous les entendons annoncer dans nos langues les merveilles
de Dieu."» (Paraphrase de Actes *2, 5-11)*

La mission de l'Église a toujours été universelle,
d'où son nom d'Église catholique.
«Allez donc: de toutes les nations, faites des disciples, les baptisant
*au nom du Père et du Fils et du Saint Esprit» (*Matthieu *28, 19).*
Aujourd'hui, l'Esprit souffle encore plus fort et nous mène plus loin:
Il veut des communautés de plus en plus interraciales
colorées comme des langues de feu.

Au début du IIIe millénaire,
70 % des catholiques seront des citoyens du tiers monde.
Leur Église sera une actrice très importante dans la vie
de l'Église universelle,
y compris dans sa dimension missionnaire.
Elle aura une option préférentielle pour les pauvres.
L'évangélisation sera une aventure tant pour elle
que pour les défavorisés de la terre.
Cette jeune Église sera sans frontières et plus fraternelle.

Le futur missionnaire quant à lui, celui du IIIe millénaire,
sera frère et sœur de l'Univers.
Déjà marqué par «l'interracialité» des équipes évangélisatrices,
il sera, et il l'est déjà, un témoin du dépassement, de l'au-delà,
et ce, de par sa foi en un seul Dieu, Père de tous les humains.
Tout comme les premiers apôtres, il sera sujet d'étonnement:
«Ils étaient tous déconcertés, et dans leur perplexité, ils se disaient:
"Qu'est-ce que cela veut dire?" D'autres s'esclaffaient:
"Ils sont pleins de vin doux."» (Actes 2, 12-13)

Un homme à aimer

La mission auprès des non-chrétiens est-elle encore actuelle? N'est-elle pas remplacée par le dialogue interreligieux? La promotion humaine n'est-elle pas une objectif suffisant? Le respect de la conscience et de la liberté n'exclut-il pas toute proposition de conversion? Ne peut-on faire son salut dans n'importe quelle religion?

La mission n'est plus ce qu'elle était! La montée des jeunes Églises, le souci d'inculturation, l'accent mis sur le développement, la justice et la promotion humaine, ainsi que le dialogue avec les grandes religions du monde, ont contribué à changer non seulement la stratégie mais le principe même de la mission chrétienne. La mission ne se définit plus en termes de conquêtes mais bien de témoignage et de service. On ne va pas en mission pour *convertir* les gens à sa propre religion mais pour annoncer l'Évangile et un Évangile qui passe nécessairement par les chemins de la promotion humaine et du respect des cultures. La foi est proposée à la liberté de l'homme.

Lavigerie, fondateur des Missionnaires d'Afrique (Pères Blancs), était un homme sensible, préoccupé des pauvres et des petits. Il aimait citer ces vers du poète Térence, né à Carthage: «Je suis homme et rien de ce qui est humain ne m'est étranger.» Il les appliqua aux Africains enchaînés dans l'esclavage contre lequel il lutta farouchement: «Je suis homme, disait-il, l'oppression indigne ma nature. Je suis homme, les cruautés contre un si grand nombre de mes semblables ne m'inspirent que de l'horreur. Je suis homme, et ce que je voudrais que l'on fît pour me rendre la liberté, l'honneur, les liens sacrés de la famille, je veux le faire pour rendre aux fils de cette race infortunée la famille, l'honneur, la liberté.»

Quel ne fut pas mon étonnement quand je fis le lien avec ce que j'avais écris au dos de mon image d'ordination en 1970: «Seigneur Dieu, ton Royaume est parmi nous, proche et caché: c'est un homme à aimer, des hommes pour qui vivre. Ta volonté est faite partout où des hommes vivent et meurent les uns pour les autres. Nous te prions: permets-nous d'accomplir cela, peu à peu, de jour en jour; ainsi nous espérons nous familiariser avec ton nom et te trouver, notre Père, jusque dans l'éternité.»

N'est-ce pas là proposer le Christ et son incarnation: «Le Fils de Dieu qui devient homme pour que l'homme devienne fils de Dieu» (saint Irénée).

En ce sens, je me reconnaissais missionnaire, avec cette mission spécifique d'annoncer la Bonne Nouvelle à tout peuple ou groupe humain qui, géographiquement, culturellement ou religieusement est loin du Christ; chez qui l'Église n'a pas encore été enracinée et dont la culture n'a pas encore été imprégnée de l'Évangile.

Cette mission qui m'est confiée est à la mesure de ma foi en Jésus Christ et de son amour pour nous. Une foi dont je veux témoigner... et que je veux partager!

À quoi bon prier?

Le taux de chômage au Canada se situe entre 10 % et 12 %.
Ces chiffres se concrétisent en la personne de Pierre,
un de mes bons amis.
Lorsqu'il a été mis à pied, son moral fut assez bas.
J'ai essayé de l'accompagner tant bien que mal dans son épreuve
lui révélant parfois la présence du Seigneur dans cette nuit. Mais...
«À quoi bon prier? De toutes façons, Dieu ne m'exauce jamais.»
Qui n'a entendu, ou prononcé lui-même, un jour ou l'autre,
cet aveu désabusé?
Mais d'abord, que demandons-nous à Dieu dans notre prière?
Qu'il nous accorde la santé, la réussite, le succès, l'amour.
Et puis, bien entendu, qu'il nous tienne à l'abri des épreuves
et des dangers.
Et que serions-nous si Dieu avait comblé chacun de nos désirs?
Des hommes satisfaits d'eux-mêmes et oublieux des autres.

«Je vous remercie, mon Dieu, davantage des luttes
et misères rencontrées
que des joies et des succès de ma vie.
Car, elles fortifièrent mon âme, élevèrent mon cœur
et facilitèrent mes vertus.
Je ne crois pas qu'on puisse grandir sans le baptême de la douleur
qui donne la volonté d'amour envers les autres et permet
l'approche divine.»
Cette prière n'a pas jailli du cœur d'un moine dans son couvent.
Elle est d'une célèbre chanteuse de cabaret.
Exaucer, ça veut aussi dire: nous hausser au-dessus de nous-mêmes,
nous tirer vers le haut, nous arracher à nos misères
où nous sommes enlisés.

Il nous arrive de renoncer à la prière parce que, disons-nous,
le monde est une grande machine qui obéit aux lois naturelles
et que ce n'est pas notre prière qui peut y changer quoi que ce soit.
Les lois naturelles... ce sont elles qui veulent, par exemple,
qu'un morceau de fer ne flotte pas sur l'eau. Et pourtant,
jour et nuit,
des millions de tonnes de fer flottent parfaitement
sur tous les océans.

On ne s'étonne pas de ces magnifiques bateaux, vraies montagnes de tôles,
qui se tiennent sur l'eau aussi à l'aise qu'un bouchon de liège.
La prière n'a pas de sens si elle demande qu'un morceau de fer flotte sur la mer;
mais elle a un sens si elle demande que le bateau soit construit.

Les choses sont plus complexes que parfois nous ne les imaginons.
Il y a dans le monde beaucoup plus de place que nous le croyons pour la prière.
Car elle peut agir de mille façons que nous ne soupçonnons même pas.
D'ailleurs, c'est toujours quand nous ne prions plus
que nous disons que cela ne sert à rien. Mais, dans les meilleurs jours,
nous sentons bien que nos prières font naviguer bien des choses qui,
sans elles, couleraient à pic.
Une chose dont je suis certain: mes prières, unies à celles de Pierre, n'ont pas été vaines
car aujourd'hui, il a recommencé à construire son avenir.
Et ça flotte...

De quelle couleur est la paix?

Un prédicateur, un jour, pose la question suivante à une classe d'enfants: «Si tous les bons étaient blancs et tous les méchants noirs, de quelle couleur voudriez-vous être?» La petite Mélanie répond: «Mon révérend, je voudrais être zébrée.»

Savez-vous que nous traînons dans nos cœurs des préjugés tenaces? Nous avons le sentiment que notre culture est supérieure à celle des autres et, donc, qu'elle doit être la norme universelle du bien et du bon.

Même chose pour notre conception de la paix. Tout le monde, certes, veut la paix mondiale, mais il s'agit toujours de sa propre conception de la paix: paix du civilisé — celle du développement moderne et du progrès —, paix blanche, paix noire, paix islamique, paix amérindienne, paix asiatique, paix occidentale, paix bouddhique, paix chrétienne, paix africaine, etc.

Alors, laquelle choisir? Eh bien! ni l'une ni l'autre. Il nous faut relativiser nos certitudes dans ce domaine. Nos préjugés sont des armes dont il faut nous défaire. Pour avoir la paix, le désarmement nucléaire ou militaire n'est pas suffisant. Il faut aussi un désarmement culturel et même religieux.

Aucune culture ou religion, aussi moderne ou traditionnelle soit-elle, n'est autosuffisante au point de pouvoir résoudre tous les problèmes du monde, ni même de bien poser la question de la paix.

En fait, cette prétention de posséder la vérité est une des sources les plus profondes non seulement de la course aux armements, mais des conflits de toutes sortes et, finalement, de l'absence de paix et ce, à l'intérieur même de nos familles.

Le plus grand tort est de vouloir avoir raison à tout prix. Nous voulons absolument gagner notre point. Et nous discutons jusqu'à défendre parfois une cause à laquelle nous n'adhérons même plus. L'important est de sauver la face.

On organise des cours du soir pour tout ce qu'on veut: pour apprendre les langues, le dessin, l'orthographe, pour gagner davantage, plus vite et sans effort. Mais il en manque un, un cours important: celui où l'on nous apprendrait à savoir perdre. Parce qu'inévitablement, nous ne gagnons pas toujours au grand jeu de la vie. Il arrive même souvent que nous y perdions.

En un mot, il ne peut y avoir de paix véritable que là où il n'y a ni vainqueur, ni vaincu. Aucune victoire militaire, intellectuelle ou spirituelle ne saurait réaliser la paix. Il faut avant tout désarmer nos préjugés et développer des réflexes d'ouverture et de compréhension.

Il faut bannir le racisme flagrant de nos certitudes et accueillir, comme la petite Mélanie, les multiples couleurs de notre monde.

Le flocon de neige

Dans le livre Artisans de paix, *on rapporte cette belle anecdote:*
«Dis-moi combien pèse un flocon de neige?
demanda la mésange charbonnière à la colombe.
Rien d'autre que rien, fut la réponse.
Alors, la mésange raconta à la colombe une histoire:
J'étais sur la branche d'un sapin
quand il se mit à neiger,
doucement, sans violence.
Comme je n'avais rien de mieux à faire,
je commençai à compter les flocons
qui tombaient sur la branche où je me tenais.
Il en tomba 3 751 952.
Lorsque le 3 751 953e tomba sur la branche,
celle-ci cassa.
Sur ce, la mésange s'envola.
La colombe,
une autorité en matière de paix depuis l'époque de Noé,
réfléchit un moment et se dit finalement:
Peut-être ne manque-t-il qu'une personne
pour que tout bascule et que le monde vive en paix...»

Qu'est-ce qu'un flocon de neige quand il tombe sur la main?
Une petite forme blanche qui ne pèse pas plus lourd qu'une plume
et qui ne tarde pas à se dissoudre.
Mais des flocons de neige qui s'accumulent des heures durant,
qui se soudent les uns aux autres
et qui se durcissent sous le vent glacé de l'hiver,
ça devient ces masses de neige qui bloquent les chemins,
menacent les maisons
avant de faire sortir de leur lit les fleuves et les rivières.

C'est comme une vie: de quoi est-ce fait, une vie?
Non pas tellement de grandes actions, toutes marquées
par l'héroïsme,
mais de ces petits actes de tous les jours, insignifiants en apparence,
à peine plus gros qu'un flocon de neige.
C'est le sourire que nous semons ou que nous refusons,
le mot que nous disons ou que nous ne disons pas,

le geste qui traduit l'amour, l'indifférence ou le mépris,
des petits riens sans importance auxquels nous ne prenons
pas garde,
tout occupé que nous sommes à rêver de vastes exploits.
Mais des petits riens qui, s'ajoutant les uns aux autres,
finissent par devenir notre poids.
Ce poids qui nous entraîne vers la mort ou vers la vie.

Fichez-moi la paix

La violence est partout présente dans notre monde. Nous n'avons qu'à consulter les journaux, écouter la radio ou regarder la télévision, elle nous saute aux yeux. Les médias se font un plaisir, parfois presque sadique, à nous en révéler les moindres détails. Elle va même jusqu'à envahir notre vie quotidienne car ces nouvelles exaspérantes irritent notre subconscient et nous rendent agressifs envers notre entourage immédiat.

Du coup de poing au coup de canon, de la colère qui explose à l'argent qui écrase tout, la gamme des violences est très étendue. Il y en a pour tous les goûts: des conflits de couple jusqu'aux bagarres à l'échelle des continents. Cela ne va pas sans nous poser un problème: comment répondre à la violence?

Répondre à la violence par la violence, c'est évidemment s'enfermer dans un cercle qu'il serait insuffisant d'appeler vicieux: il est proprement infernal. Répondre à la violence par la démission, l'absence de réaction, le laisser-aller, ce n'est pas une réponse, c'est une trahison.

Écoutez ce brave homme exprimer sa devise: «Surtout, pas d'ennuis; fichez-moi la paix.» N'entend-on pas cette phrase presque tous les jours? Aux yeux de cet homme, rien n'a plus de valeur que la paix. Du moins une certaine notion de la paix qu'il assimile à sa propre tranquillité. Les tensions et les conflits qui déchirent le monde, il préfère les ignorer. Les personnes humaines ne l'intéressent pas davantage. Une fois pour toutes, il a fermé sa porte aux souffrances des autres. Pour éviter les histoires, il veille à ne pas se compromettre: le silence est sa règle d'or. Spectateur indifférent des injustices qui se commettent autour de lui, il n'intervient jamais pour redresser les torts et défendre les victimes. Quant à son argent, il se garde d'en faire l'offrande. «Les ventres creux, les va-nu-pieds, ils ne sont tels que parce qu'ils le veulent bien, dit-il, qu'ils fassent comme moi, qu'ils se débrouillent.» C'est sa «sagesse».

À part cela, c'est un très brave homme qui ne fait de mal à personne, qui mène une petite existence bien droite et sans écart. Moins par amour que par souci de tranquillité. À l'en croire, c'est même un bon chrétien, un de ceux qui s'imaginent sincèrement qu'ils aiment Dieu parce qu'ils n'aiment personne.

Mais alors quoi faire pour rétablir la paix autour de nous? Il faut avoir de la force et du courage. À la violence, seule la force est capable de répondre. C'est l'inverse de la démission. Gandhi était non-violent, mais quelle force n'émanait-il pas de lui?

La violence, c'est la colère, c'est la haine, c'est l'entreprise mal inspirée, c'est l'injustice en marche, c'est la dévastation en mouvement. La violence est stupide et redoutable comme le plomb d'une balle. La force, par contre, a toutes les dignités de l'esprit et du cœur. La force, elle est dans une pensée juste; la force, elle est dans une volonté droite; la force, elle est dans l'amour qui va jusqu'au don de soi.

La violence des hommes a dressé la croix du Christ mais la force de celui-ci a changé le sens de cette croix quand il a dit: «Ma vie, on ne me la prend pas, je la donne.» La croix, c'est l'endroit où, pour toujours, la force a répondu à la violence afin de rétablir une paix compromise par le péché des humains.

La petite flûte

L'orchestre symphonique de Montréal est reconnu internationalement pour la qualité de ses interprétations.
De grands chefs d'orchestre comme Charles Dutoit,
pour ne nommer que celui-ci,
ont imprimé à l'orchestre une sensibilité musicale peu commune.
C'est pour cela qu'il donne régulièrement des concerts à travers le monde.

Un de ces chefs d'orchestre,
qui était une grande baguette comme on dit,
porta à son comble la stupéfaction de ses musiciens.
Il avait une fine oreille et entendait tout.
Dans un passage où tout l'orchestre
(toutes les cordes, tous les bois, tous les cuivres)
vibrait d'un fortissimo déchaîné,
celui-ci, d'un geste, arrêta tout
et dans le brusque silence, laissa tomber ces mots:
«Seule la petite flûte a joué ce passage correctement.»
La petite flûte!

L'orchestre du monde aussi est déchaîné.
Les grands font tout le bruit qu'ils peuvent.
Les moins grands essaient d'en faire autant.
Il y a des bruits de caisses — ou de canons.
Il y a des boums et des surboums.
Il y a beaucoup de fausses notes, même dans les notes diplomatiques.
Il y a même des erreurs de partition
quand on ne joue plus du tout la même musique.

Il y a de quoi décourager la petite flûte qui risque de dire:
«À quoi bon?»
Et pourtant, il vaut la peine qu'elle joue, et qu'elle joue juste.
Que puis-je changer, moi, à une situation si complexe?
Beaucoup!
Il est important que la petite flûte que je suis
joue cette note de paix et que je la joue juste.
D'autant plus qu'en ce temps du Christ, la partition est belle:

c'est le chant de la vie aimée, pardonnée et sauvée;
c'est le chant de l'harmonie entre frères, qu'ils soient noirs ou blancs.

Même si l'orchestre se trompe,
il vaut la peine que la petite flûte joue la partition.
Même au milieu des bruits discordants,
il est important que la petite flûte fasse entendre
les notes du pardon et de l'amour,
la grande mesure du salut.

Et vous qui me lisez,
ne vous demandez pas qui est la petite flûte dans votre orchestre.
Continuez plutôt à jouer comme elle!

Chasseurs de bonnes nouvelles

Lorsque nous faisons une analyse politique ou économique des pays du tiers monde, le bilan est souvent assez négatif. Les médias ne font qu'amplifier cette image pessimiste des pays en voie de développement et parfois on se demande ce qu'il y a de si attirant là-bas pour que les missionnaires désirent toujours y retourner. «Tu n'es pas un peu fou, disent-ils, de vouloir retourner dans un pays de famine et de guerre. Qu'y trouves-tu de bon à ton pays d'adoption?»

Évidemment, les valeurs sous-jacentes véhiculées par les informations ne sont pas toujours les mêmes que celles promues par l'Évangile. Les envoyés de la Bonne Nouvelle ont une autre vision de la réalité et, contrairement aux chasseurs de nouvelles à sensation, ils portent un second regard face au vécu des simples gens. L'accueil, la promotion de la vie, l'entraide et le partage ne font pas les manchettes.

Le mal bénéficie d'une publicité tapageuse. Il y a des milliers d'automobilistes qui sillonnent les routes de jour et de nuit et qui arrivent à bon port. Personne ne parle d'eux. On ne parle que de quelques-uns qui vont s'écraser quelque part. Il y a des milliers de comptables qui laissent l'argent dans la caisse après l'avoir compté. On ne parle que de quelques-uns qui le glissent dans leur poche. Il y a des millions d'Asiatiques qui travaillent la terre, honnêtement, sans bruit. Nul ne leur prête attention.

Un coup d'État est perpétré, une guerre déclarée, une famine annoncée et tout le reste est oublié. Oubliées ces valeurs humaines de solidarité, de courage et d'amour vécues par des millions de petites gens! «C'est leur faute, entendons-nous dire, s'ils sont toujours dans le trouble et la misère.» Et dire qu'on se déclare ouvertement contre le racisme.

Sans doute objectera-t-on que le bien ne présente aucun intérêt et qu'on n'écrit pas un bon roman avec de bons sentiments. Tout de même, ce travers qu'on a de ne voir et de ne dire que ce qui est mal et malheureux, cela n'est ni réconfortant, ni juste. Le bien lui aussi a besoin de publicité.

Quelqu'un me disait récemment, à propos de mes éditoriaux: «Vous ne présentez qu'une image positive du tiers monde et de ses habitants. Ce n'est pas cela que nous entendons à la télévision. Êtes-vous certain d'être objectif et de donner à vos lecteurs la bonne information?»

Certainement! Mais l'information que je reçois et retransmets est vue et analysée autrement, par des missionnaires qui vivent sur place, au jour le jour, avec ces frères africains qui luttent courageusement pour leur survie. Et, de par leur formation, ces messagers de l'Évangile scrutent et découvrent *la* bonne nouvelle qui fait vivre. Au lieu de déterrer les signes de mort et de désespoir, ils font jaillir les signes d'espérance.

Le patrimoine culturel de nombreux pays du tiers monde est rempli de trésors humains inestimables. L'apport du christianisme en a rehaussé toutes les beautés. Certains voudraient qu'on les taise. Il n'en est pas question.

Alors! Pourquoi ne serait-on pas comme ce vieux cadran solaire qui marque les heures claires et ignore les autres? Oui, souvent le tableau semble sombre et la nuit obscure. Mais il y a toujours les étoiles. Comme celle qui a guidé les Mages.

Souffler sur la flamme

L'hiver est arrivé avec ses tourbillons de neige et ses froids
de canard.
Même si la neige qui s'accumule fait la joie des enfants
et des bonshommes de neige,
il fait grincer des dents nombre d'adultes et de personnes âgées,
ces dernières n'ayant souvent pas d'autre choix que
de «s'encabaner».
Pour les plus courageux, les sports d'hiver sont une source
d'agrément.

Avez-vous déjà bien regardé les passants quand la température
est basse?
Chacun, dans la rue, à chaque respiration, émet son petit nuage
de vapeur.
Alors, plus que d'habitude, quand nous croisons les gens,
nous nous disons,
comme devant une maison qui fait fumer sa cheminée,
qu'il y a là une vie.
Sous ce chapeau, sous ce manteau,
une vie qui brûle son petit combustible,
un cœur qui bat, une poitrine qui respire, un sang bien chaud.
Et nous nous disons qu'il y a aussi des pensées,
un peu de bonheur ou un peu de chagrin;
des secrets, des bons secrets et des mauvais secrets;
une place pour l'amour, et c'est quelquefois une place vide;
un peu d'espérance;
bref, toute une petite vie qui brûle de sa petite flamme invisible.

C'est fragile, la flamme de la vie humaine.
Si nous la rencontrons, ne l'éteignons pas par une parole brutale,
ou maladroite, ou malveillante,
ou par un geste hostile.
«Il n'éteindra pas la petite flamme qui fume encore» (Matthieu *12, 20)*
est-il dit du Christ.
Ce sont des gens comme ça qu'il nous faudrait rencontrer
tout le temps;
des gens qui n'éteignent pas mais qui savent souffler sur la flamme,
tout doucement, pour la faire grandir;

pour faire grandir la vie partout où une petite vapeur,
dans l'air glacé, signale qu'il y en a une.

L'hiver est à nos portes et les passants aussi.
Puissions-nous faire nôtre le merveilleux chant de Gilles Vigneault:
«Mon pays, ce n'est pas un pays, c'est l'hiver:
De mon grand pays solitaire, je crie avant que de me taire
À tous les hommes de la terre: ma maison c'est votre maison.
Entre mes quatre murs de glace, je mets mon temps et mon espace
À préparer le feu, la place, pour les humains de l'horizon
Et les humains sont de ma race.»

Le cinquième Évangile

«Moi je n'écoute plus les nouvelles, c'est trop déprimant», entend-on souvent dire.

C'est vrai que les nouvelles qui font l'actualité ne sont pas toujours très réjouissantes. Par contre, il y a toutes sortes de nouvelles comme il y a toutes sortes de journalistes.

Les médias occupent une place importante dans nos vies. Tous les jours, journaux, radio et télévision déversent un flot d'informations disparates. Ces informations, auxquelles nous avons droit, nous permettent de faire des choix dans la mesure où elles sont objectives, précises, complètes et transparentes sur la réalité.

> Depuis toujours, nous dit Mgr Charles Valois, du diocèse de Saint-Jérôme, les hommes et les femmes qui ont quelque chose à dire cherchent à communiquer leur message à la société dont ils font partie. Les membres de l'Église de Jésus Christ ne font pas exception. Au contraire! Dès le départ, leur message a été désigné comme une nouvelle, *la* Bonne Nouvelle.
>
> Les premiers chrétiens n'avaient pas les moyens de communication que nous avons. Mais peut-on imaginer qu'au matin de Pâques ou au lendemain de la Pentecôte, un certain Pierre ou une certaine Marie-Madeleine n'auraient pas utilisé de tels médias s'ils les avaient eus à leur disposition?

C'est pour cela que, dans nos diocèses, il y a des hommes et des femmes qui travaillent dans les médias d'Église. Ce sont des professionnels pleins de talents et de compétences qui aiment l'Église. Ils sont remplis de zèle pour la mission apostolique et sont engagés de fait à écrire une sorte de *cinquième Évangile.* Cette description a été faite il y a un quart de siècle par le cardinal Cushing, de Boston, lorsqu'il faisait remarquer que les journalistes de la presse écrite rédigeaient les *Actes des apôtres* de leur époque.

Le journaliste catholique est conscient du droit des lecteurs à une information qui aura une influence sur leur vie spirituelle et temporelle et qui les aidera à se former une opinion juste. Ses pages doivent contribuer au respect de la vie, des droits de l'homme, de la justice sociale et des accords de paix; elles alertent l'opinion sur la condition des pauvres, sur toute forme de discrimination (à l'égard des femmes ou des groupes ethniques), ou encore sur l'injustice à l'intérieur de nos propres communautés.

Ce journaliste regarde aussi au-delà de nos étroites frontières pour informer sur les problèmes des pays du tiers monde, comme sur les souffrances des Églises persécutées. Nous pouvons constater la puissance des médias dans des pays où les campagnes de l'Église, menées en faveur de la vérité et de la justice, ont influencé des peuples entiers et ont parfois réussi à provoquer un changement social. Jean-Paul II n'hésitait pas à déclarer, devant un millier de journalistes venus le rencontrer, «qu'une plus grande circulation d'idées et d'informations dans la société humaine, entre les divers peuples et à l'intérieur de chaque peuple, pourra sûrement favoriser non seulement une connaissance réciproque, mais plus encore la suppression de ces obstacles, c'est-à-dire méfiances, soupçons, incompréhensions, discriminations, injustices, qui actuellement entravent le cheminement vers la paix et la solidarité entre individus et entre peuples.»

Les médias nous concernent tous. Nous avons tous de bonnes nouvelles à partager. Les moyens sont là. Si nous ne prenons pas l'initiative de diffuser le message de Jésus, qui le fera à notre place?

Nous vivons dans une société où de multiples médias sont à notre disposition. *N'attendons pas d'en être réduits à écrire sur les murs!*

Le monde a besoin de fous

«Je te l'ai déjà dit, Marie-Ève, quand tu joues avec Julie,
ne sors que ta vieille poupée.
Si on t'en a donné une neuve,
ce n'est pas pour que les autres enfants s'amusent avec!»
Comment Marie-Ève, qui avait un mouvement généreux,
peut-elle recevoir dans son cœur ces paroles de sa maman
comme étant l'expression de la sagesse des grandes personnes?
«Tu entends, Pierre-Yves? Je ne veux pas que tu prêtes ta bicyclette
à Pascal! Ce n'est pas pour ça qu'on te l'a achetée!»
Pourtant, si la bicyclette avait une égratignure,
ce serait sans doute moins grave que de créer cette zone dure et égoïste
dans une âme qui était touchée par la grâce de l'amitié,
qui voulait partager et qui se réjouissait de procurer un plaisir.

Les grandes personnes sont raisonnables;
elles savent la valeur des choses et de l'argent;
elles ont les pieds sur terre.
Seulement, les pieds écrasent plus qu'ils ne font pousser.
Il y a une manière d'être raisonnable qui laisse dans la vie les mêmes traces
qu'une colonne de soldats en marche à travers un champ de blé.

Jésus l'a dit: heureux les petits, les pauvres, ceux qui savent partager.
Heureux les doux, les pacifiques, ceux qui savent rire et pleurer.
Heureux ceux qui savent encore faire des folies comme les enfants.
Ils posséderont le Royaume des cieux.
On doit bien l'admettre, il faut être un peu fou pour suivre le Christ.
Saint Paul l'affirmait:
«La sagesse de ce monde est folie devant Dieu» (1 Corinthiens *3, 19).*

Le père Lebret, un dominicain français,
disait que ce monde a besoin de fous.
Des fous qui s'engagent à fond, qui oublient,
qui aiment autrement qu'en paroles,
qui se donnent pour de bon et jusqu'au bout.
Il nous faut des fous, des déraisonnables, des passionnés
capables de sauter dans l'insécurité

et dans l'inconnu toujours plus béant de la pauvreté.
Il nous faut des fous du présent,
épris de vie simple,
amants de la paix,
purs de compromission,
décidés à ne jamais trahir,
méprisant leur propre vie,
capables d'accepter n'importe quelle tâche, de partir n'importe où:
à la fois libres et obéissants,
spontanés et tenaces,
doux et forts.

Un monde où s'engager

INTRODUCTION

Ce monde est à aimer. Et pour l'aimer, il lui faut des partenaires bien concrets. Qui sont-ils? Sommes-nous de leur race? Voulons-nous être de cette nouvelle génération d'apôtres qui ne désespèrent jamais? Si oui, bravo!

Mais encore, de qui parlons-nous? De jeunes et de vieux, d'hommes et de femmes, de Noirs et de Blancs, de prêtres et de laïques qui désirent s'engager. Ils sont les véritables héros de notre monde. Ils ne sont pas adulés ni mis sur un piédestal. Ils ne sont pas médiatisés ni immortalisés dans des statues de bronze... ou de papier journal. Non, ils se sont tout simplement incarnés dans un peuple, dans un pays, dans des coutumes et des langues étrangères qu'ils ont fait leurs. Ignorés des grands de ce monde, ils sont aimés des petits de la terre. Ils osent entrer dans la pâte du monde pour y apporter un ferment de justice, d'amour et de paix.

Y trouvent-ils leur compte? Amplement, disent-ils.

Ils y trouvent un bonheur que nul être ne pourra leur ravir. Ils placent leurs trésors dans le ciel, là où ils ont déjà *l'amour en héritage.*

Les laïques dans l'Église

Si le monde va mal, il faut trouver des personnes qui auront le courage de changer le monde. Qui osera s'engager dans une lutte qui semble à prime abord tellement inégale?

En ouvrant bien les yeux, nous en trouvons. Qu'ils soient prêtres ou laïques, ils veulent ajouter leur goutte d'eau pour désaltérer les assoiffés de la terre. Qu'en est-il au juste de l'engagement des laïques dans le monde d'aujourd'hui?

Des agents et agentes de pastorale laïques nous en disent un mot:

> Nous croyons que l'originalité de notre engagement, c'est de jouer un rôle de pasteur avec une identité laïque... En émettant un mandat, l'Église reconnaît cette identité et elle signifie que dorénavant, cette personne agit au nom de l'Église et pas seulement au nom de sa foi. Ce qu'ajoute le mandat pastoral, c'est la responsabilité, par rapport à la communauté, de reconnaître les rapports entre les événements du quotidien des personnes et l'Évangile, c'est la responsabilité de bâtir une communauté qui devient signe de l'amour de Dieu.

Étymologiquement, le mot *laïque* vient du grec *laos* (peuple). Les laïques sont membres du peuple de Dieu. Mais ils diffèrent des *clercs* qui ont un ministère ordonné (diacre, prêtre, évêque) et une fonction de service (autorité) dans l'Église. Il ne faudrait toutefois pas cantonner les laïques dans le monde du profane et les clercs dans celui du sacré. Tous, insérés dans le monde, doivent porter un projet missionnaire commun.

La mission plus spécifique des laïques est de vivre dans le monde comme un levain dans la pâte. C'est à cette vocation que les disciples du Christ, ceux d'hier et d'aujourd'hui, sont appelés.

Être la pâte, ce n'est pas compliqué: il suffit de se laisser pétrir par l'événement. Être le levain, ce n'est pas compliqué non plus: il n'y a qu'à se tenir à l'abri du mal en évitant la contagion. Mais, privée de levain, la pâte demeure plate tandis que le levain, hors de la pâte, reste stérile et dépérit. Être levain dans la pâte, c'est oser entrer dans la pâte du monde pour y apporter un ferment qui puisse la faire lever. Ce ferment qui sera toujours la vérité, la justice et l'amour.

Les laïques peuvent donc faire ressortir davantage une dimension essentielle de l'Église: sa vocation missionnaire. En étant ferment dans le monde, l'Église élargit ses horizons et s'incarne dans la réalité des hommes et des femmes d'aujourd'hui; elle épouse ses problèmes, ses difficultés, ses luttes, mais aussi ses progrès et ses victoires.

Le danger pour l'Église institutionnelle est de vivre repliée sur elle-même en n'étant pas suffisamment en contact avec l'extérieur et, donc, d'être à l'opposé d'une Église missionnaire. Introvertie, elle peut, à la limite, empêcher les chrétiens d'être réellement conscients des besoins des autres, de s'engager en faveur des petits et des pauvres, contre le racisme ou la course aux armements.

L'affirmation croissante des laïques dans l'Église et leur plus grande visibilité ne peut qu'être bénéfique à tout le Corps du Christ qu'est d'abord et avant tout le Peuple de Dieu en marche.

La gratuité de l'engagement

Prendre une responsabilité,
que ce soit dans une famille, dans une communauté
ou dans un groupe quelconque,
c'est entrer au service de personnes très concrètes, bien sûr,
mais c'est aussi se mettre au service d'un idéal
qui souvent nous dépasse infiniment.
Cela fait notre grandeur mais aussi notre souffrance.
Il y a tant de personnes qui valent beaucoup mieux que l'idéal qu'elles servent.
Ce qui nous est demandé,
ce n'est pas de tout savoir, de tout connaître
pour être en mesure de résoudre tous les problèmes.
Non!
Il nous est demandé d'être au service des personnes
et de leur montrer la route.

Je prends l'exemple d'un poteau indicateur:
comme il nous est sympathique, ce poteau, le soir,
dans le brouillard et dans la nuit.
Il rassure beaucoup de monde et nombreux sont ceux et celles
qui lui doivent de retrouver leur chemin.
Cependant ce n'est pas tout d'indiquer le chemin.
Encore faut-il le faire avec gratuité.

Qui ne s'est pas cogné le cœur, une fois ou l'autre,
ou même souvent, au mur de l'ingratitude?
Seulement celui qui n'a rien fait
n'a jamais été effleuré par cette meurtrissure.

Le problème, quand nous prenons la responsabilité d'un secteur donné,
c'est que souvent nous cherchons la reconnaissance de nos actions.
Certes, nous nous défendons d'avoir cherché la récompense.
C'est l'amour qui nous inspirait.
Mais alors pourquoi cette amertume
face au silence auquel s'est heurté notre don?
«Quand je pense à tout ce que j'ai fait pour eux!
À quoi bon tant d'efforts pour la récompense que j'en ai retirée?»

Notre amour n'est pas aussi gratuit qu'on veut bien le dire,
ou même le croire.

L'absence de gratitude a tué d'innombrables dévouements.
Tant de gens qui disent: «Cette fois-ci, j'ai compris,
on ne m'y reprendra plus.»
Il faut savoir que nous avons toujours tort d'attendre
une récompense.
La source ne donne pas son eau pour qu'elle remonte vers elle.
N'attendons pas non plus que nos dons nous reviennent.
L'amour qui n'est pas gratuit n'est déjà plus de l'amour.

Nouvelle génération d'apôtres

Qui a dit que la générosité était éteinte dans le cœur des jeunes d'aujourd'hui? Et que la foi était disparue?

Voici un message que leur livre Jean-Paul II:

> Pour chaque nouvelle génération, il faut des apôtres nouveaux. Et voici que naît pour vous une mission spéciale. Vous, les jeunes, vous êtes les premiers apôtres et évangélisateurs du monde de la jeunesse, tourmenté aujourd'hui de tant de défis et de menaces. Vous pouvez l'être avant tout, et personne ne peut vous remplacer, dans le milieu de l'étude, du travail et des loisirs. Ils sont si nombreux vos contemporains qui ne connaissent pas le Christ, ou ne le connaissent pas assez. C'est pourquoi vous ne pouvez pas rester silencieux et indifférents. Vous devez avoir le courage de parler du Christ, de témoigner de votre foi par votre style de vie, inspiré de l'Évangile...

Les jeunes d'aujourd'hui sont encore capables de répondre à de tels appels! Ils ont la vie devant eux.

La vie! C'est drôle, mais ce dont nous avons le plus de peine à nous convaincre, au sujet de la vie, c'est qu'elle est vivante. Vivante non parce qu'il faut l'entretenir, manger, boire et dormir; vivante non parce qu'elle s'écoule et qu'on est jeune d'abord et moins jeune ensuite; mais vivante parce qu'elle peut prendre à tout moment un nouveau visage, parce qu'elle peut toujours adopter un nouveau style, parce qu'elle n'a jamais dit son dernier mot.

Nous parlons parfois de nous en affirmant: «Il faut me prendre comme je suis.» De notre personnalité la plus profonde, nous disons: «Je n'y peux rien.» De notre moi le plus central, nous croyons devoir annoncer: «Il est comme il est.» On dirait que nous nous enterrons nous-mêmes, morts déjà puisque nous ne sommes plus assez vivants pour changer. Jésus est venu sur cette terre pour faire de nous des personnes nouvelles. Il faut le croire.

L'œuf est coquille dure et inerte à l'extérieur mais, à l'intérieur, miracle de transformation et de vie. Il ne faut pas que nous soyons l'inverse de l'œuf: vivant en surface mais de pierre en dedans. *Je suis comme je suis.*

À être un œuf à l'envers, nous serions aussi une vie à l'envers, avec la mort en dedans.

Ces jeunes d'aujourd'hui ont besoin de notre foi en eux. Pour cela, il serait bon de ne jamais perdre espoir en la jeunesse de notre propre vie. Elle a cette étonnante capacité de nous transformer de l'intérieur. Jésus le savait, lui qui disait: «Laissez venir à moi les petits enfants car le Royaume des cieux est à ceux qui leur ressemblent» (*Matthieu* 19, 14).

Un Dieu jeune

Terminer chaque année par une naissance,
voilà ce que j'appelle une réussite.
Du moins, c'est plein d'espérance et ça ouvre sur des horizons inespérés:
ceux de la vie,
surtout dans un monde qui semble se diriger de plus en plus
vers la vieillesse prématurée et vers la mort.
Pensons aux émissions télévisées de fin d'année
qui nous présentent un bébé encore au berceau
ayant tellement vieilli durant l'année
qu'il porte déjà les rides du temps et une barbe grise.
Si l'année se terminait ainsi, quelle catastrophe!
Mais, si nous sommes le moindrement attentifs
à ce que peut nous réserver l'avenir, nous savons qu'il y a de l'espoir.

La jeunesse n'est pas une période de la vie; elle est un état d'esprit,
une qualité de l'imagination, une intensité émotive,
une victoire du courage sur la timidité, du goût de l'aventure sur le confort.
Nous ne devenons pas vieux pour avoir vécu un certain nombre d'années;
nous devenons vieux parce que nous avons déserté nos rêves.
Les préoccupations, les doutes, les craintes et les désespoirs
sont les ennemis qui, lentement, nous font pencher vers la terre
et devenir poussière avant la mort.
Jeune est celui qui s'étonne et s'émerveille. Il demande comme l'enfant:
«Et après?» Il défie les événements et trouve de la joie au jeu de la vie.
Nous sommes aussi jeunes que notre foi, aussi vieux que notre doute;
aussi jeunes que notre confiance, aussi jeunes que notre espoir,
aussi vieux que notre abattement.
Nous resterons jeunes, tant que nous resterons réceptifs:
réceptifs à ce qui est beau, bon et grand,
réceptifs aux messages de la nature, de l'homme et de Dieu.

Si un jour, notre cœur allait être mordu par le pessimisme
et rongé par le cynisme,
puisse Dieu avoir pitié de notre âme de vieillard.

Dieu fait son apparition dans notre histoire de façon continue.
C'est le début toujours actuel d'une merveilleuse aventure entre l'homme et Dieu.
Comme l'artiste de grand talent qu'Il est,
Dieu refait une jeunesse à notre monde en lui donnant son fils Jésus.
L'humanité entre dans l'éternelle jeunesse de Dieu.
Avec lui, les années se comptent aux gestes d'amour
que nous posons.
C'est bien vrai que nous avons l'âge de notre cœur.

«L'Amour... en héritage»

«Heureux les pauvres de cœur: le Royaume des cieux est à eux. Heureux les doux: ils auront la terre en partage. Heureux ceux qui ont faim et soif de la justice... Heureux les miséricordieux... Heureux les cœurs purs... Heureux ceux qui font œuvre de paix...» (*Matthieu* 5, 3-9)

Les Béatitudes, qui sont comme la charte de l'Évangile, sont un appel adressé par Jésus à qui veut le suivre. Un appel exigeant que certains chrétiens et chrétiennes ont décidé de vivre radicalement dans la vocation religieuse. Ils sont admirables dans leur désir de don de soi total. Admirables et dignes d'être imités, si possible, par de nombreux jeunes.

Nos années sont notre capital le plus précieux. C'est pourquoi il est impressionnant d'entendre quelqu'un dire: «Je donnerais une année de ma vie pour avoir la clef de ce mystère.» Oui, nous parlons quelquefois comme ça.

Mais ce pour quoi, actuellement, nous sommes le plus enclins à donner une année de notre vie, c'est pour notre bonheur. «Je préfère, disons-nous, vivre deux ou trois ans de moins plutôt que me priver de bien manger.» Nous sommes tellement inquiets de ne pas avoir notre ration de bonheur que nous sommes prêts à doubler la dose, même au prix d'un sensible raccourcissement du tout.

Nous avons les veines du cou qui se gonflent, les tempes qui battent au rythme de notre cœur affolé; nous sommes rouges, moins du plaisir que de l'effort fourni pour emmagasiner du bonheur. Nous avons extrêmement peur d'en manquer. Mais nous sommes mal récompensés: nous avons le bonheur lourd comme un estomac trop plein.

Sur les collines de Galilée, Jésus a proposé aux femmes et aux hommes un bonheur non par accumulation mais par épuration; le bonheur qui n'est pas d'être lourd de tout mais d'être heureux d'un rien; le bonheur qui ne charge pas nos années mais qui les fait légères; le bonheur souple et libre porté vers l'infini par le souffle transparent des choses éternelles.

Les jeunes qui, aujourd'hui, veulent consacrer leur vie au Seigneur dans une vocation religieuse ont souvent tout ce qu'il faut pour réussir leur vie: jeunesse, intelligence, santé, beauté, fortune, toutes les qualités qui en font des gagnants. *De beaux partis* comme on dit.

De fait, ils partent souvent sans bruit, sans histoire... pour aller soigner des lépreux, instruire des catéchumènes ou animer des laïques responsables de communautés de base à l'autre bout du monde.

Ils y sont 20, 30 ou 50 ans. *Folie!* déclarent certains de ceux et celles qui les connaissent. Et ils n'ont pas tout à fait tort.

L'amour nous entraîne souvent sur les chemins de la folie. Il y a des folies qui détruisent la vie. D'autres contribuent à rendre la vie meilleure à ceux qui n'attendaient plus rien d'elle.

Meilleure aussi pour ceux qui, en perdant tout, sont en train de tout gagner. «Heureux les doux, les pacifiques... car ils auront le Royaume des cieux en héritage» (*Matthieu* 5, 4.9).

Il est, parmi nous, bien des folies creuses. Il en est d'autres qui sont animées par le souffle de l'Esprit.

Heureux les jeunes?

C'est vrai que nos grand-mères portaient trop tôt le deuil de la vie.
À quarante-cinq ans, elles prenaient des airs de vieilles femmes.
Et on a raison de vouloir non pas paraître mais rester jeune,
dans la mesure où la jeunesse représente des qualités à cultiver:
enthousiasme, générosité, sens de la justice et soif d'absolu.
Mais on est en train de faire de la jeunesse ou, en tout cas,
des mots jeune et jeunesse des idoles qu'on associe à n'importe quoi.
«Achetez jeune! Buvez jeune! Fumez jeune!»
On ne sait pas très bien ce que cela veut dire,
mais tout le monde est hypnotisé et,
au lieu de vivre son âge avec ses avantages et ses inconvénients,
on court comme des petits fous après celui que l'on n'a plus.

Jésus, qui nous a rappelé quelles sont les choses nécessaires,
n'a pas dit: «Heureux les jeunes!» Il n'a pas dit non plus:
«Heureux les vieux!» Ce ne sont pas les années qui comptent,
mais ce qu'elles produisent. Montrant les arbres,
Jésus n'a pas parlé de leur âge mais de leurs fruits. Et il ajoutait:
«Demeurez en moi et, (jeunes ou vieux), vous en porterez!» (Jean *15, 5)*
Il y a une chose maudite, dans l'âge qu'on a, une seule:
ce sont les années pendant lesquelles on se replie sur soi.

On a peur de mourir. On n'a pas peur de vivre.
On a trop peur de mourir. On n'a pas assez peur de vivre.
Au lieu de craindre la mort, on devrait craindre de rater sa vie.
Une belle mort n'est pas une mort en vitesse.
Une belle mort, c'est une mort qui vient après une belle vie.
Et une belle vie, ce n'est pas forcément une longue vie:
c'est une vie qui, dans le temps offert,
donne tout ce qu'elle peut donner.
Jésus est mort à trente-trois ans. Il n'a jamais dit:
«Je n'ai quand même pas de chance de mourir si jeune!»
Sa vie et sa mort avaient un sens qu'aucune minute n'aurait changé.
Pourvu que notre vie ait un sens, on peut mourir n'importe quand.

On disait l'autre jour à quelqu'un: «Je vous invite parce que,
quand vous êtes là, vous ajoutez toujours quelque chose.»
C'est cela le sens de la vie: être celui qui ajoute.
Jésus a tout résumé d'un seul mot. Il disait:
«Vous êtes le sel!» Vous êtes ce qui ajoute la saveur.
Certaines vies brèves ajoutent des trésors.
Certaines autres n'ajoutent rien.
C'est de cela qu'il faut avoir peur.

Avoir et être

J'aurai, tu auras, il aura, nous aurons, vous aurez, ils auront: le verbe *avoir* est la grande fanfare de notre vie. Les enfants vont à l'école pour apprendre et se former. Comme eux, nous avons appris qu'il faut, pour conjuguer les verbes, deux auxiliaires: avoir et être. S'il en faut deux pour conjuguer des verbes, pouvons-nous espérer n'en employer qu'un seul pour conjuguer la vie?

Avoir, avoir, avoir... à ne plus compter qu'avec un seul auxiliaire, c'est comme si nous ne marchions plus que sur un pied: ce n'est sûrement pas le moyen d'aller loin!

Avoir, avoir... à ne plus se fier qu'à un seul auxiliaire, nous en faisons vite un maître.

Avoir... à ne plus s'en référer qu'à ce seul auxiliaire, nous ramenons bientôt toute la vie à ce qui se pèse, se compte ou s'achète.

Est-ce là un enseignement à léguer à nos enfants? Quel sera le prix attaché à leur idéal? Apprendront-ils à monnayer leur vocation en suivant le marché de consommation?

Cet auxiliaire *avoir* serait-il à la source d'un manque de générosité chez certains candidats?

Pourtant, Jean-Paul II disait récemment: «Il est consolant de pouvoir constater en ces dernières années, en diverses parties du monde, une sensible augmentation de ceux qui se trouvent admis au sacerdoce ou expriment le désir de suivre le Christ dans la voie des conseils évangéliques.»

Renouveau sacerdotal dans le monde, d'accord; mais comment se fait-il que dans certains diocèses du Québec on parle d'une diminution du nombre de prêtres? En 1990, la proportion est de 1 prêtre actif pour 5 000 fidèles, alors qu'en l'an 2 000, elle sera de 1 pour 10 000.

Cela peut sembler contradictoire. Malheureusement, ce ne l'est pas. Si les ordinations ont marqué une hausse importante en Afrique (45 %), en Asie (24 %), en Amérique Latine (17 %) et en Europe (13 %) durant les 10 dernières années, elles ont baissé en Amérique du Nord, haut lieu de la consommation... et de *l'avoir*.

Évidemment, toute l'ambiance publicitaire de chez nous et toute notre façon occidentale de vivre ne jurent que par le verbe avoir. «Ah! Si j'avais ceci, tous mes amis m'envieraient. Ah! Si j'avais cela, le bonheur commencerait aussi pour moi.» Mais à vrai dire, ni la vie, ni la mort, quand elles parlent avec nous, nous demandent: «Qu'as-tu?», mais toujours: «Qui es-tu?» Ce sont les humains qui disent: «J'ai.» Dieu, lui, commence toujours par dire: «Je suis.»

Prions pour que les jeunes, qui vont à l'école de la vie, apprennent aussi ce deuxième auxiliaire!

Seigneur, tu m'appelles

On m'a raconté un jour l'histoire d'un aigle né dans une basse-cour.
Toute sa vie, il a imité le comportement des poulets:
il grattait la terre en quête de vers et d'insectes,
il gloussait et caquetait,
il ne volait que quelques pieds dans les airs
lorsqu'il faisait battre ses grandes ailes.
Il était loin de s'imaginer qu'il était le roi des oiseaux
et qu'il pouvait planer très haut dans le ciel
avec grâce et majesté.
Il avait réduit son horizon à la terre.
Il n'avait jamais entendu l'appel de l'infini.

«Sois parfait comme ton Père céleste est parfait.»
Je sens en moi, Seigneur, cet appel à la sainteté.
En tant que fils de Dieu, tu m'invites au dépassement
pour que ceux et celles qui me rencontrent puissent dire:
«Il est tout le portrait de son Père.»
Cela me fait peur, bien sûr, car je devine l'exigence qui s'y rattache.
L'idéal entrevu passe inévitablement par une voie étroite.
Jésus, lui, a dû consentir
à l'étroitesse et à l'obscurité du tombeau
pour pouvoir naître à la lumière de Pâques.
Je veux malgré tout prendre mon envol
pour aller à toi et vers mes frères et sœurs.

Par ton Fils, tu m'as dit: «Viens et vois»,
m'invitant à suivre Jésus dans l'aventure du don total
pour achever, dans mon être, le salut de l'humanité.
C'est merveilleux que tu aies voulu avoir besoin de moi.
Alors, Père, je m'abandonne à toi;
je suis prêt à tout pour que ta volonté se fasse.
Je veux risquer ma vie sur l'amour
afin de combler cette soif d'infini qui me dévore.

«Je t'appelle par ton nom, me dis-tu; car tu es à moi.»
Et moi, dans la confiance, je veux me remettre entre tes mains
parce que je t'aime.

Je ressens le besoin d'aimer et de me donner,
de révéler ta tendresse à tous les hommes et à toutes les femmes de la terre.
Aide-moi, conduis-moi, accompagne-moi
dans ce choix de vie qui me lie à toi pour l'éternité.
Ma réponse à ton appel me procurera la joie
et la paix que mon cœur recherche.
Seigneur, envoie-moi! Je veux être ton témoin.

L'enfant qui dérange

La mission qui m'est confiée va sûrement dans le sens de la vie. Lors d'une promenade avec son ami obstétricien, une femme lui propose cette devinette: «Essaie de trouver la bonne nouvelle que j'ai pour toi. — Donne-moi un indice», lui dit le spécialiste. « — Je vais t'en donner plusieurs: c'est très précieux, ça a la forme et les dimensions d'un enfant, ça ressemble à un bébé avec des yeux, un nez, des bras et des jambes. Je l'ai reçu comme un cadeau et je l'aime déjà beaucoup. — Non! ce n'est pas vrai», s'étonne le médecin. «Ne me dis pas qu'à ton âge tu reçois encore des poupées?»

Le médecin venait d'un pays riche et n'avait perçu, dans le cadeau, qu'une chose inerte. Son amie était issue d'un pays pauvre et voulait lui annoncer un être vivant. Le spécialiste de l'accouchement n'avait pas su reconnaître l'évidence. Il n'avait pas pensé à un enfant.

«Il est venu chez les siens et les siens ne l'ont pas reconnu» (*Jean* 1, 11). Dieu a voulu vivre parmi les gens, mais on a refusé de l'accueillir. Combien de personnes préfèrent leurs précieuses poupées à l'arrivée d'un enfant?

Dans les pays du tiers monde, la vie est la valeur suprême. Elle est un facteur de richesse. Les enfants viennent enrichir la communauté de leur présence et contribuent au bien-être des parents et des grands-parents. Ils sont aussi ceux qui perpétuent la vie et assurent l'avenir de la race.

Il y a, bien sûr, le scandale de la mortalité infantile dont les victimes se comptent par dizaines de milliers chaque jour. Face à cette misère, on rétorque qu'il faudrait un planning familial. Mais, ce n'est pas parce qu'on est moins nombreux qu'on mange nécessairement plus.

D'ailleurs, nos solutions occidentales ne convainquent pas les gens des pays pauvres. Ils sont solidaires des enfants comme Jésus l'était. Celui-ci a appelé à lui un petit enfant, il l'a placé au milieu d'un groupe de disciples et il a déclaré: «Quiconque accueille un petit enfant tel que lui, à cause de mon nom, c'est moi qu'il accueille» (*Matthieu* 18, 5).

En Occident, les enfants sont fréquemment perçus comme un facteur d'appauvrissement. Appauvrissement que les femmes doivent être prêtes à assumer trop souvent seules. Accepter de devenir mère devient un choix redoutable. Qui, dans un tel contexte, peut nier qu'un enfant dérange?

Mais la vie elle-même est dérangeante. Elle a toujours bouleversé nos habitudes et notre confort. Ce qu'il nous faut savoir, c'est le prix que nous sommes prêts à payer pour que la vie soit plus forte que le néant.

Dans un passage de l'Évangile, un paysan vend tout ce qu'il a pour acheter un trésor trouvé dans un champ. Sommes-nous prêts à nous appauvrir pour acquérir l'unique et vrai trésor qu'est la vie? Ou préférons-nous les précieuses poupées de notre bien-être?

Refuser, pour des raisons futiles, d'accueillir l'enfant à naître, refuser d'être dérangés par lui, c'est refuser Dieu lui-même qui est la vie. «J'étais petit, j'étais faible, j'étais nu... et vous ne m'avez pas accueilli» (*Matthieu* 25).

Temps des fleurs, temps des fruits

Dernièrement, je lisais dans un journal diocésain
que l'amour n'est pas un jeu.
Un jeune fille nous parlait d'un sujet brûlant d'actualité:
la sexualité chez les jeunes
et tout particulièrement de l'influence d'une publicité qui affirme:
«Nous serions fous de nous en passer.»
En parlant bien sûr des condoms.
Qu'avoir des relations sexuelles sans condom,
c'est comme s'exposer au soleil sans protection.
Cette jeune fille ajoutait encore:
«Cela ne veut pas dire que nous devons faire l'amour
avec le premier venu.
L'amour et la tendresse sont de très grandes valeurs pour les jeunes.»

Les adultes aussi sont interpellés, moi comme les autres.
À preuve: je me promenais sur une route de terre à la campagne,
il y a quelque temps,
avec une mère et ses filles de 12 et 14 ans respectivement.
Cette dernière me posa des questions sur le fait de faire l'amour.
«Qu'est-ce que tu en penses?», demanda-t-elle à brûle pourpoint!
L'autre, plus jeune,
venait de cueillir quelques fleurs des champs pour le chalet.
Je fis le rapprochement entre la question de l'une et le geste de l'autre.

Quand renaît le printemps, les arbres se revêtent de fleurs.
Et il y en a qui les aiment tellement, ces arbres en fleurs,
qu'ils en brisent les branches les plus belles
pour l'ornement de leur chambre.
Mais les pétales ont la vie brève.
Tôt dénudées, les branches mortes finissent à la poubelle.
Et l'on songe à ces fruits qui devaient passer la promesse des fleurs.
Parce que les fruits sont morts avec les fleurs.

C'est comme pour l'amour.
Il y a le temps des fleurs et puis, le temps des fruits.
À ne vouloir cueillir que la fleur, on risque de tuer le fruit.
Cette jeune fille qui devait devenir épouse et mère,

on a brisé son cœur en cueillant sa beauté.
On l'a fait comme ça, sans y penser.
Parce que le désir était plus exigeant que le respect.
Maintenant, l'irréparable est fait.
Cette jeune fille, on l'a aimée pour son plaisir à soi.
Non pas pour le fruit qu'elle avait à donner
et qui eût été sa joie à elle.
Fleur qu'on arrache pour le bonheur d'un jour
et qu'on rejette tout aussitôt.
Dieu qui donne aux fleurs d'exister,
lui, n'oublie jamais les fruits dont elles sont l'espérance.

L'apport de la femme

Un proverbe chinois dit ceci: «Si tu éduques un homme, tu forges un individu; si tu éduques une femme, tu fais évoluer un peuple.» Voilà qui pourrait en faire réfléchir plusieurs sur le rôle de la femme dans le développement. Celle-ci a une place importante qui n'a pas toujours été reconnue, spécialement dans les pays du tiers monde.

Le développement rural revêt une importance considérable dans le tiers monde. Actuellement, 80 % à 90 % des populations vivent dans les campagnes. Les femmes, à elles seules, constituent 50 % de la main-d'œuvre et assurent les 3/5 des travaux agricoles. Force est donc de constater que, face à l'avenir, elle a un rôle essentiel à jouer.

D'ailleurs, en Asie, en Afrique et en Amérique Latine plus qu'en Occident, à cause de sa vocation de génitrice, de mère et d'éducatrice, la tradition a fait de la femme la première responsable de la transmission des valeurs humaines, culturelles et sociales.

Toute jeune, elle a des obligations très grandes au foyer. À 5 ou 6 ans, on la voit avec sa petite sœur on son petit frère sur le dos, accompagnant sa mère au marché ou transportant des branches sur la tête. Le poids qu'elle porte déjà est le signe sensible de ses lourdes tâches dans le futur.

Avec le temps, la communauté se fie beaucoup sur elle et exige de sa part une force de caractère peu commune. De ce fait, elle tient une place unique dans les structures villageoises traditionnelles. Elle a une conscience exceptionnelle de ses responsabilités familiales et de ses obligations ménagères et agricoles. Aucun développement ne peut se réaliser sans sa participation.

Depuis que l'on emploie et pratique le concept de développement, il semble que les experts en la matière aient négligé de donner à la femme la place qui lui revient comme travailleuse à part entière.

Cependant, en permettant à la femme d'être associée aux programmes de développement, on pourrait alléger ses tâches ménagères en améliorant sa fonction de cultivatrice. Grâce à une bonne éducation au niveau des techniques agricoles et au niveau des associations villageoises, elle se verrait ainsi libérée d'un travail quotidien très lourd. Pensons ici aux bienfaits d'une adduction d'eau, de la culture attelée, de l'information et de la vulgarisation des méthodes agricoles.

De plus, nous pouvons miser sur les capacités de survie innées dans la mentalité féminine pour pousser plus loin l'avancée des peuples du tiers monde. La femme a le sens de l'épargne et du crédit et n'hésite pas à se dessaisir de ses biens pour nourrir tous les membres de la famille. Pratique et généreuse, elle possède des qualités essentielles pour réaliser des progrès humains et sociaux.

On peut donc souhaiter que, dans l'avenir, la femme soit pleinement associée à tout programme de développement.

Femmes de papier

Jour après jour, grâce à une publicité plus que généreuse,
nos boîtes aux lettres regorgent de prospectus
tous plus attrayants les uns que les autres.
Dans cette abondance de séduction,
l'image de la femme occupe une place majeure.
Qu'elle présente des toilettes chic,
qu'elle annonce des boissons gazeuses
ou la voiture dernier cri,
inlassablement, la silhouette de la femme est mise en évidence.

Pour certains, cela ne manque pas de charme.
Mais cette image féminine publicitaire,
dans sa perfection conventionnelle,
n'a qu'un rapport assez lointain avec la femme réelle.
À trop s'alimenter à cette source artificielle,
les attentes et les exigences à l'égard des femmes
risquent d'être complètement faussées.

D'abord, la femme n'est pas un objet
que l'on puisse sans pudeur comparer à un autre.
Les utilisateurs de l'image féminine devraient en tenir compte,
surtout quand cette image devient nettement pornographique.
Ne serait-il pas temps de reconnaître que nous sommes responsables,
par la publicité, d'une bonne part des souffrances,
des blessures et de l'agressivité
que portent bien des femmes?

Le mouvement féministe lutte constamment.
«L'état de soumission et d'oppression que subit la femme dans le monde
est une situation de péché» disait Mgr Robert Lebel, évêque de Valleyfield.
Il continuait: «C'est par fidélité à la Parole de Dieu
que l'Église doit reconnaître comme un fait positif
le mouvement féministe moderne: il s'agit, dans son ensemble,
d'un progrès de la civilisation
et c'est un pas de plus dans l'instauration du Royaume.»

Une femme est plus que cette fameuse ligne féminine.
Dieu n'a pas présenté à Adam un mannequin
mais un être de chair et de sang,
non pas une femme de vitrine, mais une compagne,
non pas un tour de taille, mais un amour.
Méfions-nous de cette publicité tapageuse
qui nous propose continuellement des femmes de papier.

Gardiens de la sagesse

Être beau, jeune, fort et en santé, voilà le modèle idéal proposé par notre société de consommation. Ceci est discriminatoire pour diverses catégories de personnes, entre autres pour les gens du troisième âge. Si, parfois, la mémoire leur fait défaut, ils possèdent à profusion, par contre, certaines qualités de cœur telles la sagesse, l'écoute, l'accueil et la tendresse. Comme exemple, cette lettre d'une grand-mère à sa petite-fille.

> Juste un petit mot pour te rappeler que je suis toujours vivante, même s'il est vrai que j'oublie de plus en plus et que mes idées se confondent. Ainsi, il m'arrive parfois, au pied de l'escalier, de me demander si je dois monter pour chercher quelque chose ou si j'en reviens! Devant le réfrigérateur, je doute: y ai-je déposé de la nourriture ou suis-je venue en prendre? Quand dehors il fait noir, mon bonnet de nuit sur la tête, je m'interroge: dois-je me retirer pour la nuit ou est-il temps de me lever?
>
> Je ne sais plus très bien si c'est à mon tour de t'envoyer ce mot. Je ne veux pas t'embêter avec mes lettres. Souviens-toi seulement que je t'aime et que je souhaite ardemment ta présence.
>
> P.S.: Ce matin, je me trouvais près de la boîte aux lettres, le visage rouge de honte: au lieu de te poster ma lettre, je venais de l'ouvrir!

Être confus ne veut pas dire manquer de sagesse. Si nous savions puiser dans l'apparent désordre d'une mémoire qui s'amenuise, nous trouverions des trésors qui ne demandent qu'à être partagés. Puisque nous recevons beaucoup de nos aînés, pensons à leur donner quelque chose de précieux: du temps! Du temps pour s'asseoir avec eux, du temps pour les écouter, du temps pour les aimer.

Dans les pays pauvres, là où le temps n'est pas de l'argent, mais un moyen de communion, l'ancien est le gardien de la sagesse; il est porteur des coutumes et des traditions ancestrales. Assis près du feu, il raconte, proverbes à l'appui, les histoires qui éduqueront les jeunes, qui leur donneront un sens aigu de la communauté et un aperçu de leur avenir.

N'oublions jamais que les gens de l'âge d'or ont une mission bien précise, une mission d'ordre prophétique: celle d'annoncer qu'il y a plus d'avenir que de présent ou de passé. Ils ont un combat d'espérance à mener au milieu d'un scepticisme presque général. Grâce à leurs racines de foi, ils peuvent confirmer et soutenir le moral des bâtisseurs du Royaume.

Les personnes âgées ne sont pas tournées vers le passé, mais vers l'avenir. Si, parfois, elles nous semblent retomber en enfance, c'est d'une enfance spirituelle dont il s'agit, car ces gens ont reconnu l'essentiel dans leur vie. «Maintenant, tu peux laisser ton serviteur s'en aller en paix, car mes yeux ont vu le Salut que tu as préparé pour les nations», disait le vieillard Siméon (*Luc* 2, 29-31). De même que la prophétesse Anne, fort avancée en âge, a su reconnaître Jésus et parler de l'enfant à tous ceux qui attendaient la libération de Jérusalem (*Luc* 2, 38).

Soyons ouverts aux personnes âgées! Elles sont des *berges d'espérance* dans notre monde. Sachons les respecter, car ne pas honorer la vieillesse, c'est démolir, le matin, la maison où l'on doit dormir le soir.

Quand le temps passe

Pour décrire la fuite du temps dans la vie de chacun,
la poésie me semble la forme la plus délicate et la plus appropriée.
Elle ouvre une porte à l'interpellation de l'éternité,
car elle se veut une forme d'espérance.
Voici donc un poème tiré d'une contemplation personnelle:

Quand c'est le temps qui passe et qu'il porte l'ennui
Et puis quand il t'entraîne aux frontières de la nuit
Tu cries et tu éloignes ce temps qui t'asservit
Mais n'oublie pas que toi, tu es jeune pour la vie.

Quand c'est toi qui dépasses ce que tu as vu naître
Et quand l'enfant t'échappe au-delà de ton être
Tu mords et tu malmènes ce temps qui se croît maître
Mais n'oublie pas que toi, tu peux toujours renaître.

Quand tu vois sur ton front les rides s'imposer
Quand tes cheveux blanchissent et ne cessent de tomber
Tu pleures et tu condamnes ce temps qui est passé
Mais n'oublie pas que toi, tu es d'éternité.

Quand tu vois apparaître les veines sur tes mains
Quand tes jambes ne veulent plus marcher sur tes chemins
Tu nies et tu refuses ce temps qui est mesquin
Mais n'oublie pas que toi, tu seras de demain.

Quand ton cœur contredit ton corps et ses misères
Quand tes yeux ne voient plus ce qui était hier
Tu fuis et tu rejettes ce temps qui t'exaspère
Mais n'oublie pas que toi, tu es une prière.

À 30 ans, on est encore beau. À 50 ans, on se défend contre l'usure.
À 70 ans, on peut être toujours beau, mais d'une autre beauté.
Non pas de celle que maintiennent plus ou moins
les produits dits, précisément, de beauté.
Mais de cette autre beauté qui reflète l'équilibre intérieur,
la maîtrise de soi, l'harmonie des désirs justement orientés.
Beaux visages de vieux et de vieilles, comme vous êtes doux à regarder!

En vous, les choses qui s'en sont allées
n'ont point laissé de rides amères.
Elles ont fait place à d'autres choses, plus authentiques,
plus sûres et, finalement, plus belles.
Pour remplacer les espoirs disparus, il n'y a rien de plus fort
que l'espérance dans les choses à venir.

Table des matières

Un monde à pacifier

Un monde où s'engager